Für alle meine mutigen und starken Freundinnen

in Deutschland, Israel und Afrika.

Danke, dass ich mit euch und von euch lernen kann,

ein abenteuerreiches Leben

an der Hand Gottes zu führen!

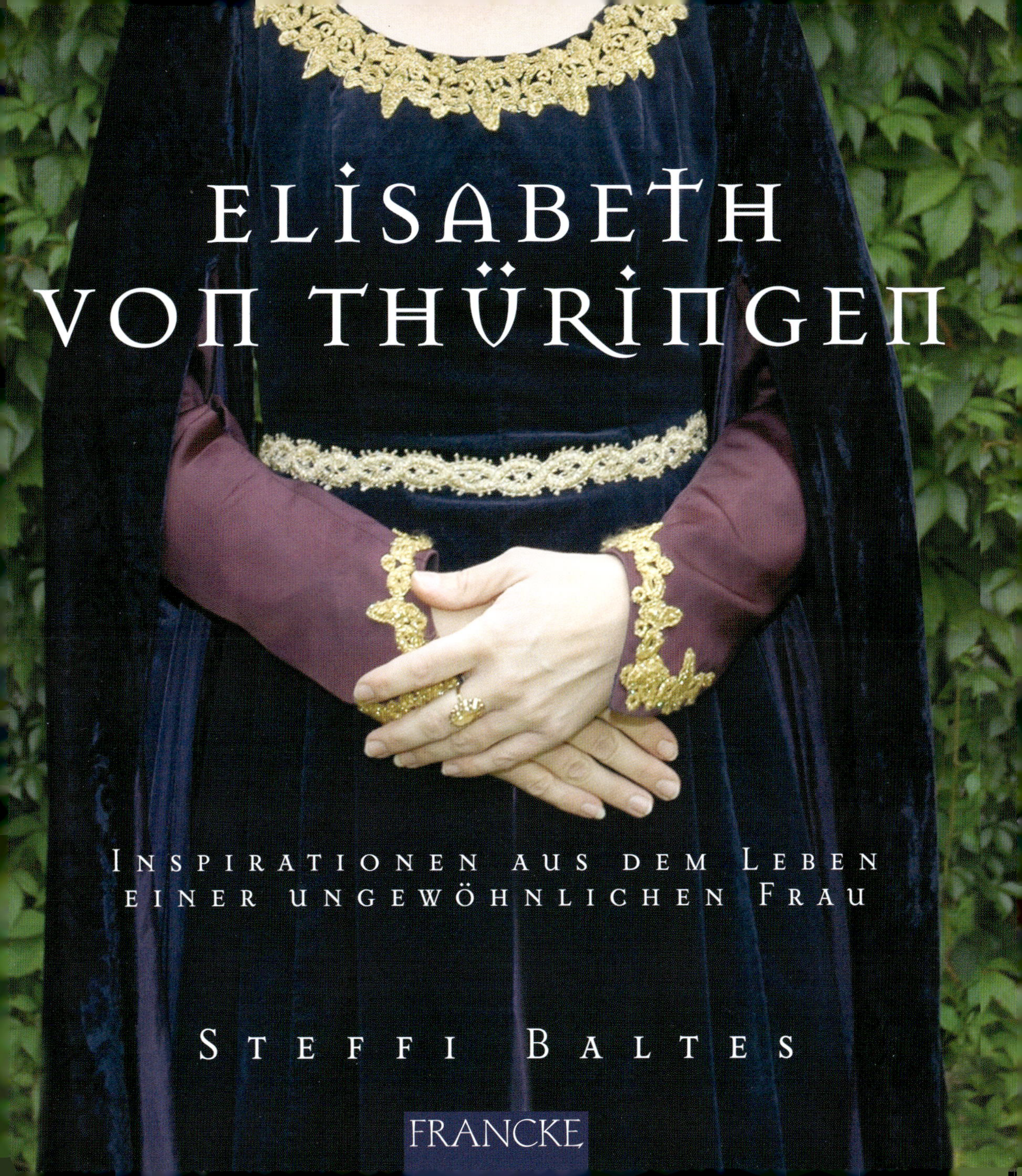

ELISABETH VON THÜRINGEN
INSPIRATIONEN AUS DEM LEBEN EINER UNGEWÖHNLICHEN FRAU
STEFFI BALTES
FRANCKE

IMPRESSUM

Bibliografische Information Der Deutschen Bibliothek
Die Deutsche Bibliothek verzeichnet diese Publikation in der Deutschen Nationalbibliografie; detaillierte bibliografische Daten sind im Internet unter http://dnb.ddb.de abrufbar.

ISBN 978-3-86122-873-8

Satz und Gestaltung: Henri Oetjen, DesignStudio Lemgo
Printed in Italy

www.francke-buch.de

Über die Autorin:

Steffi Baltes, geb. 1968, ist Pfarrerin und hat sich dem Christus-Treff in Marburg angeschlossen. Im Rahmen ihrer Mitarbeit in dieser Gemeinschaft lebt sie mit ihrem Mann Guido zurzeit in Jerusalem. Sie ist fasziniert von Menschen, die die Geschichte der Kirche durch die Jahrhunderte entscheidend mitgeprägt haben – Menschen, die mit Gott Neues wagten.

Inhaltsverzeichnis

Vorwort

Elisabeth – eine Jüngerin, die Gott unermüdlich dient

Elisabeth – ein einsames Kind in der großen Politik

Elisabeth – eine jung Verliebte, die ihrem Freund treu bleibt

Elisabeth – eine Ehefrau, die ihren Mann liebt

Elisabeth – eine Mutter, die ihre Kinder zum Glauben erzieht

Elisabeth – eine Jüngerin, die Gott unermüdlich dient

Elisabeth – eine Dienerin, die Menschen aufopferungsvoll pflegt

Elisabeth – eine Frau, die im Dienst sich selbst vergisst

Elisabeth – eine Witwe, die alles für Bedürftige gibt

Elisabeth – ein Vorbild für Christen, das bis heute lebt.

Wer, wie ich, in Marburg lebt, kennt Elisabeth von Thüringen. Die große Kirche, die nach ihr benannt ist, die Hinweise auf ihr Leben im Schloss, eine Statue ihrer Tochter auf dem Marktplatz – das alles ist nur ein Teil der Spuren, die diese große Frau in dieser kleinen Stadt hinterlassen hat. Weit über die Stadtgrenzen hinaus hat ihr unkonventionelles Leben gezeigt, was wirklich wichtig ist.

Elisabeth hatte ihr Leben Gott geweiht. Für ihn war ihr keine Arbeit zu schwer, kein Opfer zu groß. Sie ging gegen viele Widerstände ihren Weg mit Gott. Hin zu den Armen und Leidenden.

In diesem Buch werden Sie Elisabeth neu entdecken. Sie werden die Spuren Gottes im Leben von Elisabeth entdecken. Und die Spuren, die Elisabeth für uns gelegt hat. Spuren, wie der Weg zu Gott aussehen kann. Spuren, wie der Weg mit Gott aussehen kann.

Was ich hier über Elisabeth lese, fordert mich heraus. Und es lässt mir Elisabeth auf einmal so nahe sein, dass ich meine, ich könnte sie bei meinem nächsten Bummel durch die Stadt vielleicht doch einmal treffen ... Ich bin sicher, ich hätte viel von ihr zu lernen.

Elke Werner, *Marburg*

MUNDUM PER MORTEM TUAM
LIBERAVISTI LIBERA ME

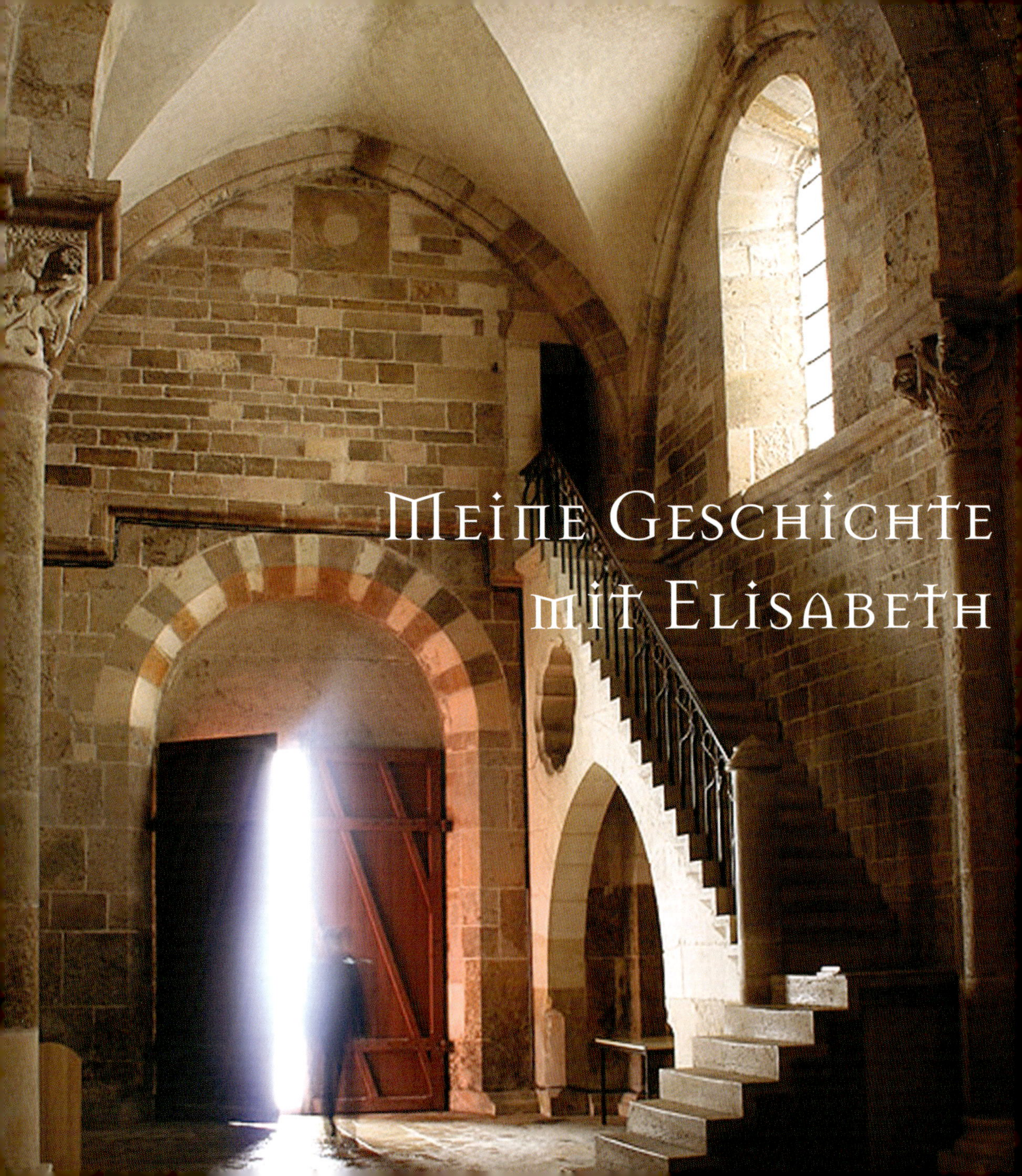
Meine Geschichte
mit Elisabeth

Elisabeth von Thüringen hat mich schon lange fasziniert. Meine Entdeckungsreise in ihre Welt und ihr Leben begann vor vielen Jahren in Marburg an der Lahn. Vom Fenster meines Studentenzimmers aus konnte ich direkt auf das Eingangsportal der Elisabethkirche schauen, der Kirche, die im 13. Jahrhundert über Elisabeths letzter Ruhestätte erbaut wurde.

Wenn ich abends im Bett lag, konnte ich die angestrahlten Türme der Kirche sehen, nur einen Steinwurf weit entfernt. Morgens wurde ich vom Läuten der Glocken aufgeweckt.

Und da ich Kirchen liebe, hab ich mich oft tagsüber für ein paar Minuten in die Elisabethkirche gesetzt. Hier habe ich mich Gott ein Stückchen näher gefühlt in einer Zeit, in der ich als junger Christ ganz unsicher war und nicht mehr wusste, was ich eigentlich noch glauben soll.

Nach einer Weile habe ich mich zu fragen begonnen, wer eigentlich diese Elisabeth gewesen ist, nach der „meine" schöne Kirche benannt war. Ich begann, ihre Lebensgeschichte zu verfolgen. Und plötzlich wurde aus der Dame, die auf den Bildern und Reliefs immer so ernst und überirdisch ausschaut, eine junge Frau mit Wünschen, Träumen und Hoffnungen. Eine junge Frau, die liebt und trauert. Eine junge Frau, die möchte, dass ihr Leben einen Sinn macht.

Elisabeth hat mich fasziniert. Sie ist eine sehr begabte, mutige, ungewöhnliche Frau gewesen. Auch eine Frau mit Höhen und Tiefen. Eine Frau, die ich nicht bis ins Letzte verstehe und bei der mir manches fremd und unverständlich bleibt. Aber auf alle Fälle eine Frau, von der ich vieles lernen kann. Eine Frau, die mich ermutigt und inspiriert, ein „wildes" ungezähmtes Leben an der Hand Gottes zu führen.

Steffi Baltes

Die Welt der Elisabeth

Die Welt, in die Elisabeth hineingeboren wurde, war – obwohl 800 Jahre vor unserer Zeit – unserer heutigen Welt gar nicht so unähnlich. Im frühen 13. Jahrhundert, zu Beginn des Hochmittelalters, waren die Menschen mit vielen Umbrüchen konfrontiert. Die Welt war im Wandel, an der Schwelle zu einer neuen Zeit.
Einerseits war es eine sehr zukunftsorientierte Zeit:
Handel, Wirtschaft und Verkehr wurden ausgebaut; die Geldwirtschaft begann; es gab mehr und mehr Städte.

Andererseits erwarteten viele Menschen das nahe Ende der Welt:
Es war die Zeit der Kreuzzüge und der großen Hungersnöte. Es gab Machtkämpfe zwischen Kaiser und Papst. Die Kirche wurde zunehmend reicher und korrupter und entfernte sich immer weiter von dem, was Jesus und seine Freunde vorgelebt hatten.
Es war aber auch eine Zeit voller Hoffnung und geistlicher Lebendigkeit, die innerhalb und außerhalb der Kirchen aufblühte:

Es kam zu Aufbruchsbewegungen unter den Menschen, die wieder zu einem einfachen Leben zurückfinden wollten, in der Nachfolge des armen Christus (repräsentiert z.B. durch die Beginen, eine caritative Laienbewegung; die Waldenser und Katharer; durch Persönlichkeiten wie Franziskus und Klara von Assisi).

Elisabeth, das verlorene Kind

Elisabeths Leben fängt gut an. Elisabeth – oder Erszébet – wird im Jahr 1207 in Preßburg in Ungarn geboren. Ihr Vater ist der ungarische König Andreas II., ihre Mutter Gertrud kommt aus dem deutschen Fürstengeschlecht Andechs-Meran. Äußerlich gesehen ist das Kind bestens versorgt. Elisabeth wird jedoch schon, wie es damals aus politischen Gründen üblich war, im Alter von einem Jahr dem Sohn des thüringischen Landgrafen zur Heirat versprochen. Noch drei Jahre bleibt sie zu Hause auf der Burg Sárospatak in Nordungarn, dann wird sie im Jahr 1211 als Vierjährige mit großem Gefolge und vielen Geschenken nach Thüringen gebracht. In ihrer Begleitung sind thüringische und ungarische Ritter, aber viel wichtiger noch: auch ihre beste kleine Freundin Guda. In ihrem neuen Zuhause, der Wartburg bei Eisenach, soll sie wenigstens ein vertrautes Gesicht aus der Heimat um sich haben.

Im Gepäck der kleinen Elisabeth befinden sich außer einer reichen Aussteuer noch einige persönliche Sachen, wie ihr silberner Badekübel und ihre Wiege – Erinnerungen an das verlorene Zuhause und eine fröhlichere Zeit.

Trotz aller Vorsorge: Was das für ein vierjähriges Kind bedeutet – Vater und Mutter und das Zuhause verlassen zu müssen und von fremden Menschen an einen unbekannten Ort gebracht zu werden – das kann man nur erahnen. Zum Glück hat Elisabeth mit ihren vier Jahren bestimmt noch nicht verstanden, dass sie ihr Zuhause niemals wiedersehen wird. Elisabeth wird von ihrer neuen Familie freundlich empfangen.

Da die Wartburg noch nicht so ausgebaut ist, dass man darin wohnen kann, lebt die gräfliche Familie zunächst mitten in Eisenach. Der thüringische Landgraf Hermann und seine Frau Sophie sind nun die „Ersatzeltern" der kleinen Elisabeth. Sie soll zusammen mit deren Sohn Hermann, ihrem zukünftigen Ehemann, erzogen werden.

Zwei Jahre später, im Jahr 1213 – Elisabeth ist gerade sechs Jahre alt –, stirbt ihre leibliche Mutter Gertrud. Sie wird in Ungarn von Aufständischen ermordet. Ob und was Elisabeth von diesem schrecklichen Ereignis in Eisenach erreichte, ist unklar. Im Jahr 1216 erlebt die neunjährige Elisabeth einen neuen Verlust: der junge Hermann, ihr Verlobter, stirbt. Wenige Monate später folgt dann noch sein Vater, Landgraf Hermann, der Ersatzvater und Beschützer der kleinen Elisabeth. Plötzlich ist ihre Zukunft unsicher und ungewiss geworden. „Was soll sie noch auf der Wartburg?", fragt sich die fürstliche Familie. Das Mädchen aus Ungarn ist mit einem Mal lästig geworden. Zum Verlust ihrer unbeschwerten Kindheit und der Schwierigkeit eines Neuanfangs in einer fremden Umgebung kommt für Elisabeth nun, nachdem sie endlich „angekommen" ist, ein Gefühl der erneuten Verlorenheit und Ungewissheit.

Zu Hause sein – das ist etwas Wunderschönes. Jeder von uns sehnt sich danach, irgendwo „ankommen" zu dürfen, einfach s e i n zu dürfen, sich wohl und geborgen zu fühlen, angenommen und geliebt. Das ist etwas, was Elisabeth schon als Kind schmerzlich vermisst hat. Manche von uns werden dieses Gefühl nur zu gut kennen:

Vielleicht haben Sie auch Ihre Eltern verloren, so wie Elisabeth, durch Tod oder Trennung. Vielleicht haben Sie schon in jungen Jahren Menschen verloren, die Ihnen Halt und Geborgenheit gaben und die zu Ihrem Leben dazugehörten. Vielleicht sind Sie hin- und hergestoßen worden und hatten schon als Kind das Gefühl: Ich gehöre nirgendwo hin. Oder Sie haben sich nach der Aufmerksamkeit Ihrer Eltern gesehnt – vergeblich. Weil sie zu beschäftigt, gestresst oder unaufmerksam waren. Und Sie sind mit der festen Überzeugung aufgewachsen: Keiner nimmt mich wahr. Ich bin für niemanden wichtig.

Auch, wenn Sie inzwischen längst erwachsen geworden sind, schon das eine oder andere graue Haar haben – das Kind in Ihnen weiß noch, wie es sich angefühlt hat: diese Verlassenheit und Verlorenheit.

Auch wenn heute alles anders ist in Ihrem Leben: Das kleine Kind in Ihnen weint manchmal, wenn niemand hinschaut. Und es ruft trotzig und verletzt: Es hätte nicht sein dürfen! Es war doch anders gedacht!

So wie Elisabeth. Ich denke, sie wird sich noch manchmal in ihre Wiege aus Ungarn gekuschelt haben, um die glücklicheren Tage zu riechen und zu spüren, deren Bilder und Erinnerungen nach und nach verblassten. Und dabei hat sie leise in sich hineingeweint.

Ihre Spielzeuge von zu Hause und selbst ihre beste Freundin konnten den Schmerz nicht wegnehmen. Sie halfen, ja, ... aber die Trauer über die verlorenen Jahre einer glücklichen Kindheit, die blieb.

Was hat Elisabeth geholfen? Hat sie ihr Zuhause doch noch gefunden? Was hilft mir, wenn das Kind in mir sich erinnert und über verlorene Geborgenheit und verpasste Liebe weint?

Mein Gott, wo bist Du?
Siehst Du meine Tränen nicht?
Hörst Du meine Schreie nicht?

Warum bist Du so still?
Warum tust Du nichts?
Warum kämpfst Du nicht
für mich?

Ich fühle mich verloren,
einsam,
heimatlos.

Alles scheint so fremd.
Bin mir selber fremd geworden.
Weiß nicht wohin.

Komm doch zu mir,
und trockne meine Tränen.

Nimm mich in den Arm,
und halte mich,
wenn ich einsam bin.

Gib mir ein Zuhause,
das immer bleibt.
Schenke mir Geborgenheit,
die nicht vergeht.

PATEANT AURES
MISERICORDIAE TUAE . . .

„Denn mein Vater und meine Mutter verlassen mich, aber der Herr nimmt mich auf." (Ps 27,10)

„Wie lieb sind mir deine Wohnungen, Herr Zebaoth! Meine Seele verlangt und sehnt sich nach den Vorhöfen des Herrn; mein Leib und Seele freuen sich in dem lebendigen Gott."
(Ps 84,2-3)

„In meines Vaters Hause sind viele Wohnungen. Wenn's nicht so wäre, hätte ich dann zu euch gesagt: Ich gehe hin, euch die Stätte zu bereiten?"
(Joh 14,2)

Sehnsucht nach Gott

Elisabeth ist ein ungewöhnliches Kind mit ungewöhnlichen Neigungen und Vorlieben. Vor Jahren erzählte mir ein guter Freund, dass er als Kind in seinem Zimmer manchmal einen richtigen kleinen Altar für Gott gebaut hat. Und er übte sich im Spiel darin, ein Geistlicher zu werden. Seine Eltern haben ihn nicht darin bestärkt. Im Gegenteil, sie fanden das damals etwas merkwürdig. Ist das denn nicht unnormal für ein Kind, so früh schon so „fromm“ zu sein? Heute ist mein Freund Pfarrer. Er hat eine ausgeprägte seelsorgerliche Begabung und segnet durch seinen Dienst viele Menschen.

Von Elisabeth wird berichtet, dass sie, während sie mit anderen Kindern spielt, häufig in die Nähe der Kapelle läuft und die Türschwelle oder Mauer küsst, um Gott zu ehren. Sie verbringt viel Zeit in der Kapelle, in der Gegenwart Gottes. Dabei liegt sie schon als Fünfjährige oft ausgestreckt vor dem Altar, oder sie kniet und betet mit erhobenen Händen zu ihrem himmlischen Vater.

Als die kleine Elisabeth eines Tages wieder einmal mit der Landgräfin Sophie, ihrer zukünftigen Schwiegermutter, zur Kirche geht, trägt sie standesgemäß eine Krone aus Gold und Edelsteinen. Plötzlich nimmt sie die Krone ab und stellt sie neben sich auf ihren Platz. Bis zum Ende des Gottesdienstes setzt sie die Krone nicht mehr auf. Als Landgräfin Sophie sie später deswegen ermahnt, antwortet Elisabeth, dass sie es nicht übers Herz bringe, in der Gegenwart des dornengekrönten Christus stolz eine Krone auf dem Kopf zu tragen.

Schon als Kind hat sie nicht nur eine starke Sehnsucht nach Gott, sondern auch ein ausgeprägtes Verantwortungsgefühl und einen starken Sinn für Gerechtigkeit. Sie spielt gerne mit Kindern, die aus einem niedrigeren Stand kommen, und sorgt dafür, dass sie auch gewinnen.

Elisabeth ist ein wildes, temperamentvolles Kind, das gerne, wie andere Kinder auch, Fangen spielt und im Wettkampf gewinnt. Sie „handelt" mit Gott: Für den Sieg beim Spiel verspricht sie ihm Gebete. Von ihrem Gewinn gibt sie ärmeren Kindern etwas ab. Wild und ungestüm – so ist sie auch in ihrer Liebe zu Gott.

Sehnsucht nach Gott zu haben, das ist nicht nur uns Erwachsenen vorbehalten. Im Gegenteil. Kinder trauen sich, ihren Gefühlen spontaner und temperamentvoller Ausdruck zu verleihen. Auch ihren Gefühlen Gott gegenüber. Die Bibel berichtet uns von Kindern und Jugendlichen wie Samuel, David oder Johannes Zebedäus, die schon in jungen Jahren erfahren haben, dass Gott sie beruft und zu sich zieht. Gott hat sie ernst genommen. Er hat das Potential gesehen, das in ihnen steckt. Er hat die Charaktereigenschaften und Fähigkeiten, die schon in jungen Menschen angelegt sind, wahrgenommen und wertgeachtet. Er möchte ihnen helfen, für andere zum Segen zu werden und ihren Platz im Leben zu finden. Gott beruft Kinder und Jugendliche, seine Freunde und Mitarbeiter zu sein. Auch die kleine Elisabeth ist eine von ihnen.

Von Kindern können wir vieles lernen, gerade was unsere Beziehung zu Gott betrifft. Sie trauen sich noch, Gott um Dinge zu bitten, um die wir als Erwachsene niemals bitten würden, weil wir uns sagen: „Gott hat andere Dinge zu tun, als sich um meine Alltagsangelegenheiten zu kümmern." Kinder trauen sich noch, Gott auch auf ungewöhnliche Weise zu zeigen, wie sehr sie ihn lieben. Kinder trauen sich noch, Konventionen zu brechen und Dinge zu tun, die „man" eigentlich nicht tut.

Das sehen wir bei der kleinen Elisabeth. Kompromisslos und ungestüm geht sie ihren Weg mit Gott und tut das, von dem sie denkt, dass es Gott gefällt.

Vielleicht gerade, weil sie schon so früh den Verlust ihrer Eltern und ihres Zuhauses erlebt hat, klammert sie sich in für ein Kind ungewöhnlicher Weise an Gott. Gott muss nun ihr Zuhause sein. Gott ersetzt ihr Vater und Mutter. Von

Gott fühlt sie sich verstanden und geliebt. Gott möchte sie gefallen und gehorchen.

Als Erwachsene haben wir gelernt, dass nichts auf der Welt nur „schwarz oder weiß“ ist, auch nicht im christlichen Glauben; dass Kompromisse zum Leben dazugehören. Wir wollen nicht fanatisch erscheinen, schon gar nicht in unserer Nachfolge Christi. Mit dem Wort „Gehorsam“ haben wir oft Schwierigkeiten, selbst wenn es sich auf unser Verhältnis zu Gott bezieht. Wir wollen nicht anecken, sondern anderen gefallen. Die Sehnsucht nach Gott haben wir uns abtrainiert, weil wir Angst haben, dass es am Ende nichts und niemanden gibt, der diese Sehnsucht stillen kann.

Das ist verständlich. Wir alle kennen das, in unterschiedlichem Maße.
Doch ich glaube, wir haben etwas verloren. Unsere Ängste davor, Fehler zu machen, unsere Ängste vor uns selbst, vor Menschen und vor Gott trennen uns letztlich von unserem himmlischen Vater. Er hat uns unseren Verstand und Intellekt geschenkt, und das ist gut so. Aber ein wenig mehr Einfachheit im Glauben und im Leben täte uns gut.

Wie können wir wieder zu einer innigen, einfachen Freundschaft mit Gott zurückfinden?

Was sollen wir mit unseren Fragen und Zweifeln anfangen, die wir Gott gegenüber haben?

Wie können wir neu lernen, wie ein Kind, bei unserem himmlischen Vater zu Hause zu sein?
Ein Anfang kann sein, dass wir uns wie die junge Elisabeth vor Gott „hinwerfen“, innerlich und vielleicht auch äußerlich; dass wir unsere Hände und unser Herz vor Gott öffnen und uns nach ihm ausstrecken. Im Gebet dürfen wir vor ihm alle unsere Ängste, Fragen, Zweifel, Träume, Wünsche und Hoffnungen ausbreiten.

Er hat dafür Verständnis. Er freut sich darüber. Und er hat Zeit. Er drängt uns zu nichts. Wir können ganz einfach mit ihm reden. Wir dürfen ausprobieren, ihm nachzufolgen. Wir dürfen Fehler machen und neu beginnen. Nach und nach werden wir lernen, bei Gott zu Hause zu sein.

Gott, etwas fehlt mir.
Ich bin leer, weiß nicht warum.
Ich habe Sehnsucht, weiß nicht wonach.

Bist Du es, Gott, der mir so fehlt?

Ich habe Angst.
Angst davor, mich zu verlieren.
Angst davor, dass andere lachen.
Ich habe Angst ... vor Dir.

Was soll ich sagen, Gott?
Hab so viele Fragen.
Weiß nicht, ob Du mich hörst.

Gott, Du fehlst mir so.

Ich breite alles aus vor Dir.
Schau, wer ich bin.
Schau, was ich kann.
Sieh, was mir fehlt.

Wirst Du mögen, was Du siehst?

Hab keine andere Wahl.
Ich werfe mich ganz auf Dich.
Du musst mich tragen.

Dir gehöre ich.
Mit Dir will ich gehen.
Schritt ... für Schritt ... für Schritt.

„Aber Jesus rief sie zu sich und sprach: Lasset die Kinder zu mir kommen und wehret ihnen nicht, denn solchen gehört das Reich Gottes. Wahrlich, ich sage euch: Wer nicht das Reich Gottes annimmt wie ein Kind, der wird nicht hineinkommen."
(Lk 18,16f)

„Wie viele ihn aber aufnahmen, denen gab er Macht,
Gottes Kinder zu werden, denen, die an seinen Namen glauben."
(Joh 1,12)

„Denn ihr habt nicht einen knechtischen Geist empfangen,
dass ihr euch abermals fürchten müsstet; sondern ihr habt einen
kindlichen Geist empfangen, durch den wir rufen:
Abba, lieber Vater!"
(Röm 8,15)

Die Fremde

Die junge Elisabeth bringt Unruhe an den Fürstenhof auf der Wartburg. An ihr scheiden sich die Geister. Die einen finden das temperamentvolle, hübsche Mädchen reizend und nett. Sie haben Mitleid mit der heimatlosen Elisabeth und freuen sich, dass sie den zukünftigen Fürsten heiraten wird. Den anderen hingegen, darunter sehr einflussreiche und mächtige Berater am Hof, ist die dunkelhaarige fremde Königstochter aus dem unbekannten Osten ein Dorn im Auge. Sie finden das auffällige gesellschaftliche Verhalten und die intensive Frömmigkeit der jungen Frau befremdend und sogar unheimlich. Elisabeth ist und bleibt ein Fremdkörper am Hof des Landgrafen von Thüringen. Sie passt nicht ins Bild einer zukünftigen Landesfürstin. Sie ist zu eigen. Anders. Nicht konform mit der übrigen adeligen Gesellschaft.

Elisabeth verbringt gerne Zeit mit dem Dienstpersonal und arbeitet mit den Mägden – ein vollkommen unangemessenes Verhalten für eine junge Frau ihres Standes. Von ihrer Ersatzmutter Sophie muss sie sich deswegen auch anhören, dass sie besser zur Dienstmagd als zur Fürstin tauge.

Als Elisabeths Verlobter Hermann im Jahr 1216 stirbt, werden die Stimmen am Hof lauter, die das Mädchen wie eine ungewollte Ware wieder nach Ungarn zurückschicken wollen. Nach dem Tod von Gertrud, der leiblichen Mutter Elisabeths, kam ohnehin fast keine finanzielle Unterstützung mehr aus dem ungarischen Königshaus. Die Landgräfin Sophie hingegen, selbst eine gläubige, wenn auch oft strenge Frau, möchte Elisabeth in ein Kloster geben.

Elisabeth, die Fremde. Die Andere. Unverstanden. Ungewollt. Misstrauisch beäugt. Sie erregt Anstoß. Sie erntet Spott. Weil sie die Gerechtigkeit liebt. Weil sie ehrt, was arm und schwach ist. Weil sie die achtet, die in den Augen der Welt keinen Wert haben.

Darin folgt Elisabeth ihrem geliebten Herrn, schon als junges Mädchen. Auch Jesus wurde in seiner Lebenszeit selten richtig verstanden, noch nicht einmal von denen, die ihm am nächsten waren, seinen Freunden. Auch Jesus wurde oft abgelehnt und erregte Anstoß. Sein Verhalten beunruhigte die Menschen um ihn herum. Jemand, der Gott so kompromisslos nachfolgte wie er, war unbequem für seine Zeitgenossen. Sie fühlten sich verunsichert und in Frage gestellt durch die Art, wie Jesus mit Gott und seinen Mitmenschen lebte. Deshalb zogen sie es vor, ihn abzulehnen und zu verspotten. Ihn nicht an sich heranzulassen, damit sie ihr Leben so weiterleben konnten wie bisher. Jesus war mit einfachen Leuten befreundet. Er verbrachte Zeit mit Menschen, die gesellschaftlich verachtet waren. Er machte sich Feinde, als er aus Eifer für Gott die Händler aus dem Tempel trieb. Jesus war ein Fremdkörper. In seiner Heimat Galiläa, und später auch im fernen Jerusalem. An Jesus schieden sich die Geister.

Auch die junge Elisabeth „schafft" das. Durch ihr unkonventionelles gesellschaftliches Verhalten fühlen sich die Wohlhabenden in Frage gestellt. Durch ihre hingegebene Liebe zu Gott fühlen sich die Frommen verunsichert. „Ich will mein Geld behalten ... Ich möchte nicht auf meine Privilegien verzichten ... Mit denen da unten will ich nichts zu tun haben ... Ich will meinen Glauben so leben, wie ich das für richtig halte ... Bloß nicht zu fanatisch werden." Das werden sich viele in den Tagen von Jesus und auch in der Zeit von Elisabeth gesagt haben.

Jesus ging einen unbequemen Weg. Und auch Elisabeth ging sicher nicht den Weg des geringsten Widerstandes. Sie tat, was sie in den Augen Gottes für angemessen und richtig hielt. Sie lebte ihren Glauben so unkonventionell wie Jesus, in dessen Fußstapfen sie trat.

Ich wünsche mir den Mut von Elisabeth. Sie hatte keine Angst, anzuecken. Es war ihr wichtiger, was Gott über sie denkt, als was Menschen von ihr denken. Für viele ist sie deswegen „fremd“ geblieben, so fremd wie ein schwarzes Schaf in einem Meer von weißen.

Vielleicht haben Sie das auch schon selbst erlebt, dass Sie durch Ihren Glauben und Ihr Leben anecken.

Arbeitskollegen fragen Sie, warum Sie sich so in Ihrer christlichen Gemeinde engagieren. Was springt dabei für Sie heraus?

Freunde verstehen nicht, dass Sie an Ihrem Glauben an Jesus Christus festhalten. Haben wir nicht alle denselben Gott?

Mit Ihrer Familie können Sie das nicht teilen, was Ihnen so wichtig ist. Wenn Sie von Gottes „Liebe“ reden, halten sie Sie für einen religiösen Freak.

Sie sind nicht allein. Viele Menschen, die Ihnen im Glauben vorausgegangen sind, haben ähnliche Erfahrungen gemacht. Menschen aus der Zeit des Alten und Neuen Testamentes. Menschen aus der Kirchengeschichte. Menschen der jüngsten Vergangenheit. Menschen von heute ... wie Sie und ich.
Jesus hat uns darauf vorbereitet. Er wusste zwar, dass wir in der Welt unseres himmlischen Vaters zu Hause sein dürfen. Aber – zu Hause und doch nicht zu Hause. Als Nachfolger von Christus sind wir immer auch ein „Fremdkörper“ in dieser Welt: jemand, der andere darauf hinweisen soll, dass das Leben hier und jetzt nicht alles ist. Dass es sich lohnt, nicht nur auf das zu schauen, was mir selbst gut tut.

Wir sollen bei unseren Mitmenschen „anecken“ dadurch, dass wir die Welt nicht so lassen wollen, wie sie ist. Denn Gott hat uns allen eine bessere Zukunft versprochen. Dass diese Zukunft bereits mitten in unserer Gegenwart anbricht, dabei dürfen wir mithelfen.

Herr Jesus,
danke für Deinen Mut,
danke für Dein Vorbild,
danke für Deine Kraft,
die in mir lebt.

Danke,
dass Du Gottes Weg gegangen bist,
die Welt nicht so gelassen hast, wie sie ist.

Sonst wäre ich heute nicht hier,
sonst würde ich Dich nicht kennen,
und das Leben schmecken, das Du schenkst.

Hilf mir,
Dir zu folgen,
Anstoß zu sein für andere, Dich zu suchen,
Fremdkörper, der Aufsehen erregt,
und auf Deine neue Welt hinweist.

Hilf mir,
den Mut zu haben,
„anders“ zu sein,
engagiert,
unkonventionell.

Hilf mir,
einen Unterschied zu machen,
in dieser Welt,
durch die Kraft
Deines Geistes.

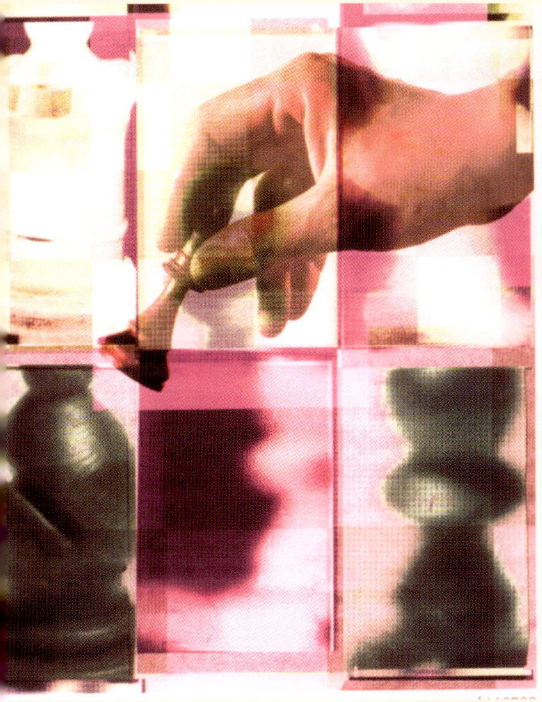

„Der Stein, den die Bauleute verworfen haben, ist zum Eckstein geworden.“ (Ps 118,22)

„Wenn euch die Welt hasst, so wisst, dass sie mich vor euch gehasst hat. Wäret ihr von der Welt, so hätte die Welt das Ihre lieb. Weil ihr aber nicht von der Welt seid, sondern ich euch aus der Welt erwählt habe, darum hasst euch die Welt.“ (Joh 15,18f)

„Wir aber predigen den gekreuzigten Christus, den Juden ein Ärgernis und den Griechen eine Torheit; denen aber, die berufen sind, Juden und Griechen, predigen wir Christus als Gottes Kraft und Gottes Weisheit. Denn die Torheit Gottes ist weiser, als die Menschen sind, und die Schwachheit Gottes ist stärker, als die Menschen sind.“
(1. Kor 1,23-25)

Mundum per mortem tuam
liberavisti libera me.

Die Leidenschaftliche

In einer Zeit, in der die Ehen unter den verschiedenen Fürstenhäusern arrangiert werden, erlebt Elisabeth das Glück einer Liebesheirat.

Ihr verstorbener Verlobter Hermann hat noch einen Bruder, Ludwig, der im Jahr 1218 die Nachfolge seines Vaters als Landgraf antritt. Elisabeth ist elf Jahre alt. Ludwig und Elisabeth nennen sich „Bruder“ und „Schwester“, denn sie sind miteinander aufgewachsen und erzogen worden. Und beide haben sich mit der Zeit lieb gewonnen. Elisabeth, die noch ein wenig unsicher ist, wie Ludwig zu ihr steht, fragt den Ritter Walther von Vargula um Rat. Er hatte sie vor vielen Jahren von Ungarn nach Thüringen begleitet und ist ihr treu ergeben. Sie ist nun zwölf oder dreizehn Jahre alt, nach damaligen Maßstäben bereits fast im heiratsfähigen Alter. Bei einem gemeinsamen Ausritt befragt Walther von Vargula den Landgrafen, ob er Elisabeth nach Hause schicken oder zur Frau nehmen will. Ludwig antwortet ihm, dass Elisabeth ihm lieber sei als ein Berg aus feinstem Gold. Als Zeichen, dass er es ernst meint, übergibt er dem Ritter ein Geschenk für Elisabeth – einen Spiegel, auf dessen Rückseite das Bild des gekreuzigten Christus zu sehen ist. Für die junge Elisabeth gerade das richtige Geschenk mit einem großen Symbolgehalt: Elisabeth ist jemand, der nicht selbstverliebt bei sich stehen bleibt wie der junge Narcissus, der nicht genug von seinem Spiegelbild bekommen konnte. Sie schaut von sich weg auf andere und vor allem auf Christus, dem sie mit ihrem Leben dienen möchte.

Elisabeth freut sich sehr über das Geschenk und versteht es, wie es gemeint ist: als Liebesbeweis von Ludwig.

Im Jahr 1221 wird Hochzeit gefeiert auf der Wartburg. Elisabeth, die nun 14 Jahre alt ist, heiratet den sieben Jahre älteren Ludwig. Nun ist sie die Landgräfin von Thüringen.

Bereits ein Jahr später wird ihr erstes Kind, Hermann, geboren. Und wieder ein Jahr später kommt die kleine Sophie zur Welt (die viele Jahre danach als „Sophie von Brabant" die Stammmutter des landgräflichen Hauses Hessen wird).

Die Ehe von Elisabeth und Ludwig ist ungewöhnlich harmonisch und leidenschaftlich. Elisabeth begleitet ihren Mann, sooft es geht, auf seinen Reisen, selbst bei stürmischem Wetter und auf schlechten Wegen. Beim Essen am Landgrafenhof sitzt sie immer an der Seite Ludwigs, was sich damals für Edelfrauen nicht gehörte. Sie möchte ihre Verbundenheit mit Ludwig auch nach außen hin zum Ausdruck bringen. Das bringt ihr so manchen schiefen Blick und hässliches Gerede ein.

Ludwig unterstützt Elisabeth in ihrer Berufung, so gut er kann. Elisabeth gründet ein Hospital am Fuß der Wartburg und besucht die Kranken, wann immer es geht. Das ist nur mit der Zustimmung und der finanziellen Unterstützung ihres Ehemannes möglich. Ludwig hat sogar Verständnis für Elisabeths leidenschaftliche Liebe zu Gott, auch wenn das mitunter extreme äußere Formen annimmt: Sie bleibt nachts lange auf und betet. Sie bittet ihre Dienerinnen, sie zu wecken, damit sie nicht verschläft. Damit ihr Mann Ludwig im Ehebett neben ihr nicht gestört wird, sollen die Dienerinnen sie an den Fußzehen ziehen. Eines Nachts erwischt Elisabeths Dienerin Isentrud aus Versehen Ludwigs Fußzehen und zieht daran, sodass Ludwig aufwacht. Er wird aber nicht wütend, sondern hat Verständnis und schweigt. Manchmal schläft Elisabeth während ihres Gebets auf dem kalten Fußboden vor dem Bett ein. Immer wieder versucht Ludwig sie dazu zu bewegen, sich mehr Ruhe zu gönnen und ausreichend zu schlafen.

Ihre Kinder trägt Elisabeth kurz nach der Geburt, barfuß und mit einfacher Kleidung, den langen Weg hinunter von der Wartburg in die Kirche. Hier zündet sie eine Kerze an und weiht ihre Kinder Gott.

Elisabeth liebt stürmisch und leidenschaftlich. Ihren Mann, den Grafen. Und Christus, den Bräutigam ihres Herzens. Für Elisabeth ist das kein Widerspruch, im Gegenteil. Ihre große Liebe zu Gott ermöglicht ihre große Liebe zu ihrem Mann. Ich glaube, Ludwig hat gewusst, dass im Leben seiner Frau Gott an erster Stelle steht. Aber er ist zufrieden damit. Gott ist kein Rivale. Mit Christus kann im Leben der jungen Elisabeth niemand konkurrieren.

So, wie Elisabeth Ludwig nicht von der Seite weicht, so weicht sie auch Christus nicht von der Seite. So, wie sie ihren Mann bei Wind und Wetter, auf schlechten Wegen begleitet, so hält sie auch zu Jesus, mitten in den Stürmen ihres Lebens, von denen sie in späteren Jahren noch einige erleben wird. So, wie sie sich für ihren Mann schön macht, wenn er von einer Reise zurückkehrt, auf der sie ihn nicht hatte begleiten können, so macht sie sich auch für Jesus Christus schön: durch ihre Liebe zu den Armen, ihre Hingabe im Gebet, ihren Hunger nach Gerechtigkeit für die Benachteiligten.

In Elisabeths Leben gibt es zwei große Lieben: ihren Herrn Jesus Christus und ihren Mann Ludwig.

Sie mag keine halben Sachen. Für sie existiert nur „ganz oder gar nicht". Sie liebt, lebt und glaubt aus vollstem Herzen und mit großer Leidenschaft. Das fasziniert mich an ihr.

Auch, wenn sie mir als Mensch des 21. Jahrhunderts manchmal zu extrem erscheint, muss ich doch anerkennen, dass sie mit ihrem kurzen, aber intensiven Leben mehr bewirkt hat, als viele vor ihr und nach ihr.

Ich bewundere ihre Klarheit, Treue und ihr Engagement – in der Beziehung zu ihrem Ehemann und in ihrer Freundschaft mit Gott. Ich merke, dass ich schnell dabei bin, Menschen zu richten und abzuwerten, die Extreme leben; die Dinge tun, die außerhalb der „Norm“ liegen. Aber letztlich wurden alle großen Veränderungen in unserer Gesellschaft und Welt von außergewöhnlichen Menschen in Gang gebracht. Das müssen keine extrovertierten, lauten Persönlichkeiten sein, die Aufmerksamkeit erregen. Außergewöhnliches kann auch im Verborgenen geschehen, ganz still und unspektakulär. Während ihrer Lebenszeit gab es viele, die Elisabeth einfach für ein bisschen verrückt hielten. Erst nach ihrem Tod wurde den meisten so richtig klar, was für eine von Gott begabte und gesegnete Frau Elisabeth gewesen ist. Natürlich war sie ein Mensch mit Fehlern, Schwächen und Wunden. Aber dennoch ein Mensch, der sich vielleicht gerade in seiner Gebrochenheit von Gott in außergewöhnlichem Maß gebrauchen ließ. Ich wünsche mir Elisabeths Leidenschaft für Gott und dafür, andere zu segnen. Ich will nicht mittelmäßig leben und lieben, weder in meiner Beziehung zu Gott noch zu Menschen. Ich möchte, dass mein Leben Spuren hinterlässt. So wie Elisabeth.

Herr,
so oft bin ich müde,
gelangweilt,
frustriert.

Ermüdet vom Leben,
lustlos im Glauben,
desillusioniert von meinen
Schwestern und Brüdern.

Herr,
so oft kreise ich nur um mich selbst,
und darum, wie ich möglichst gut
und bequem durchs Leben komme.

Aber Du,
Du hast Dir das anders gedacht,
Du hast mich gerufen,
erwählt,
bestimmt, dass mein Leben Sinn stiftet,
einen Unterschied macht,
Frucht bringt.

Du hast mich übereich beschenkt.
Was hab ich damit angefangen?

Vergib mir,
vergib meine Mittelmäßigkeit.
Vergib meine Undankbarkeit.
Vergib meine Selbstbezogenheit.

Ich will Dich.
Ich will ein Leben.
In der Fülle Deiner Kraft und Deines Geistes.

Ich will mehr,
als nur überleben.
Ich will brennen für Dich.
Leben für Dich.

Ich will ganz aufgehen
in Deiner Liebe
und erfahren,
wie mein Leben andere
mit Deiner Leidenschaft
bekannt macht.

„Lege mich wie ein Siegel auf dein Herz, wie ein Siegel auf deinen Arm. Denn Liebe ist stark wie der Tod und Leidenschaft unwiderstehlich wie das Totenreich. Ihre Glut ist feurig und eine Flamme des Herrn, so dass auch viele Wasser die Liebe nicht auslöschen und Ströme sie nicht ertränken können.“ (Hld 8,6f)

„Seid nicht träge in dem, was ihr tun sollt. Seid brennend im Geist. Dient dem Herrn. Seid fröhlich in Hoffnung, geduldig in Trübsal, beharrlich im Gebet. Nehmt euch der Nöte der Heiligen an. Übt Gastfreundschaft.“ (Röm 12,11-13)

„Ich kenne deine Werke, dass du weder kalt noch warm bist. Ach, dass du kalt oder warm wärest!“ (Offb 3,15)

Die, die Grenzen überschreitet

Elisabeth hält es auf Dauer auf der Wartburg nicht aus. Das Leben am Hof ist für Elisabeth so etwas wie ein goldener Käfig, aus dem sie von Zeit zu Zeit ausbrechen muss. Sie sucht den Kontakt zu den „einfachen" Leuten. Den Bediensteten auf der Burg bietet sie das „Du" an als Zeichen, dass sie sich nicht als etwas Besseres empfindet. Und sie macht sich auf den Weg zu den Leuten in Eisenach. Zu Fuß geht sie die vier Kilometer lange Strecke hinunter in die Stadt. Sie bleibt nicht „oben", wo es angenehm ist, sondern macht sich auf den Weg nach ganz „unten", zu denen, die ihre Hilfe brauchen. Sie verteilt Essen und Nahrung. Sie besucht Kranke in ihren ärmlichen Wohnungen. Während ihre Dienerinnen draußen stehen bleiben, weil ihnen der Geruch zu unangenehm und die Wohnungen zu dreckig sind, begibt sich Elisabeth in das Lebensumfeld der hilfsbedürftigen Leute. Sie tröstet die Kranken und erzählt ihnen von Gott. An jedem Gründonnerstag zieht sich Elisabeth ein schlichtes Kleid und Sandalen an, wie sie die einfachen Leute tragen. Sie folgt ihrem großen Vorbild Jesus und wäscht zwölf armen Menschen liebevoll die Füße. Danach schenkt sie jedem von ihnen zwölf Pfennige, neue Kleidung und Brot. In einem Jahr wäscht sie sogar Aussätzigen die Hände und Füße und ehrt sie mit einem Kuss.

Um die Kranken etwas näher bei sich zu haben und sie besser pflegen zu können, lässt Elisabeth mit der Zustimmung Ludwigs ein Hospital am Fuß der Wartburg errichten. Alle feinen und wohlhabenden Menschen, die den Landgrafenhof auf der Wartburg besuchen, kommen nun an diesem Ort vorbei und können das Elend und die Armut nicht mehr übersehen. In Elisabeths kleinem Krankenhaus haben 28 Menschen Platz.

Elisabeth versorgt sie mit Lebensmitteln, die sie von ihrem eigenen Essen und dem Essen ihrer Dienerinnen abzweigt. Auch verwahrloste Kinder werden im Hospital mit Essen versorgt. Sobald Elisabeth das Haus betritt, ist sie von kleinen Kindern umringt, die sich freuen, sie zu sehen. Elisabeth ist für sie eine Mutter geworden. Sie scheut sich nicht, den Kleinen, die oft von Krankheiten und Behinderungen entstellt sind, ihre Liebe zu zeigen, sie zu streicheln und zu versorgen. Sie kümmert sich auch um die übrigen Patienten, wäscht sie, schneidet ihnen die Haare, versorgt ihre Wunden. Für die, die sterben, näht sie das Totenkleid und hilft bei der Beerdigung. Einmal zerteilt sie ein kostbares weißes Leinentuch, um die Verstorbenen darin einzuhüllen und zu begraben. Man erzählt sich die Geschichte, dass Elisabeth eines Tages, als sie vom Gebet aus der Kirche kommt, auf einen schwerkranken Aussätzigen trifft. Der bittet sie, dass sie ihn doch mit in ihr Haus nehme. Elisabeth stützt den Kranken, führt ihn in ihr Zimmer und legt ihn in ihr Ehebett. Die Diener des Landgrafen Ludwig berichten ihrem Herrn sofort von diesem seltsamen und unmöglichen Verhalten. Ludwig hat viel Geduld, aber diesmal ist seine Frau zu weit gegangen. Er begibt sich zum fürstlichen Schlafzimmer und stellt Elisabeth zur Rede, die gerade einen Topf mit Seifenlauge in der Hand hält, mit der sie den Kranken gewaschen hat. Ludwig schlägt die Decke des Ehebettes zurück … und sieht dort ein Kruzifix liegen, eine Darstellung des gekreuzigten Christus. Er wendet sich erstaunt zu Elisabeth und sagt zu ihr: „Geliebte Schwester, solch einen Kranken darfst du mir immer ins Bett legen!"

Elisabeth ist mit ihrem Einsatz und ihrem Herz für die Benachteiligten, Armen und Kranken nicht allein. Die Franziskaner, deren Gründer Franziskus von Assisi das arme, einfache Leben in der Nachfolge von Jesus lebte und predigte, kommen um das Jahr 1224/1225 nach Eisenach. Elisabeth lernt sie kennen und weiß endlich: Sie ist nicht die Einzige, die „anders" ist. Sie ist nicht verrückt. Es gibt noch andere, die ähnlich denken und leben wollen wie sie. Sie pflegt den Kontakt zu den Franziskanern, die sie auf ihrem Weg ermutigen und ein Stück begleiten können. Die franziskanischen Brüder erzählen ihr von Franz von

Assisi, der mit seiner Lebensführung und seinem geistlichen Anliegen für Elisabeth zum Vorbild wird. Elisabeth unterstützt die Franziskaner, indem sie auf der Wartburg Wolle spinnt. Diese trägt sie dann hinunter ins Tal zum Kloster. Dort wird die Wolle zu Gewändern für die Brüder verarbeitet.

Elisabeth überschreitet Grenzen, wieder und wieder. Als adelige Frau, noch dazu als Frau des Landesfürsten, durfte sie sich zwar bis zu einem gewissen Maß karitativ betätigen. Das wurde sogar gern gesehen und machte die Landesherren und -herrinnen bei der Bevölkerung „populär".

Doch Elisabeth gibt nichts auf das, was andere denken. Sie überschreitet die Grenzen der Etikette, des guten Geschmacks, des Verständnisses ihrer adeligen Umgebung. Sie tut Dinge, die eine Fürstin einfach nicht tun darf, wie z.B. Aussätzige waschen und pflegen. Niemand in der damaligen Gesellschaft wollte Aussätzigen zu nahe kommen. Sie waren Ausgestoßene, dazu verdammt, am Rande der Gesellschaft zu leben. Die Krankheit war in ihren Ursachen noch nicht erforscht und jeder hatte große Angst, sich anzustecken. Als „Aussätzige" galten außerdem nicht nur Leprakranke, sondern auch Menschen mit den verschiedensten Hautkrankheiten. Schon von weitem mussten diese Menschen, wenn ihnen ein Gesunder entgegenkam, durch Klappern und Rasseln auf sich aufmerksam machen. Sie galten sogar als religiös „unrein", denn man vermutete, Gott hätte sie für eine schwere Schuld bestraft. Auch deshalb wollte ihnen niemand zu nahe kommen, um sich nicht etwa mit ihrer Schuld zu „infizieren". Elisabeth hatte offenbar keine Berührungsängste. Wie verunsichernd und abstoßend das auf ihre Umwelt gewirkt haben muss, zeigt die Geschichte mit dem Aussätzigen im Ehebett. Gegenüber Kranken und Armen, so erzählte man sich mit dieser Geschichte, kannte Elisabeths Mitleid keine Grenzen. In den Kranken und Armen sah Elisabeth Jesus Christus, der selbst viel gelitten hat und gegen Ende seines Lebens aus der menschlichen Gesellschaft ausgestoßen wurde. Als ein Verdammter, Abgeurteilter und Außenseiter wurde er auf einer Müllkippe vor den Toren Jerusalems hingerichtet – ein Tod, wie er beschämender und abstoßender kaum sein kann.

Jesus hatte während seines irdischen Lebens keine Berührungsängste. Er überschritt Grenzen, die ihm sein damaliges Umfeld setzen wollte. Er wandte sich körperlich und seelisch kranken Menschen zu, schenkte ihnen seine Aufmerksamkeit und Zeit, und heilte viele.

Er richtete sich nicht in erster Linie nach dem, was in seiner Gesellschaft normal und akzeptiert war. Er ließ sich nicht davon abschrecken, wenn andere mit seinem Verhalten und seinen Entscheidungen nicht übereinstimmten. Er tat das, was er als Gottes Wille für die jeweilige Situation erkannte. Er berührte Aussätzige und heilte sie; er befreite innerlich gequälte Menschen, die in Grabhöhlen hausten; er heilte Frauen, die wegen ihrer Krankheit als religiös unrein galten; er wandte sich Menschen zu, die von seiner Umgebung gemieden und verachtet wurden; er segnete Kinder und kümmerte sich besonders um die Kranken unter ihnen.

Er diente vielen Menschen – er, der Sohn des Königs des Universums.

Elisabeth versuchte, in den Fußspuren ihres großen Vorbildes Jesus zu gehen. Mit dem, was sie tat, und wie sie es tat, wollte sie ein Zeugnis von Gottes großem Erbarmen und seiner unendlichen Liebe sein.

Ich glaube, das ist ihr ganz gut gelungen. Mich beeindruckt vor allem, wie sie Grenzen überschreitet, um Gottes und der Menschen willen. Das, was viele in ihrem damaligen Umfeld nicht sehen konnten oder wollten, das hatte sie erkannt: dass Gott jeden von uns in die Freiheit ruft, heraus aus einem Käfig, der uns in unserer Berufung und unseren Gaben beschneidet.

Elisabeths Käfig war der Käfig ihrer Herkunft, ihres Standes und der Erwartungen der Familie und Gesellschaft an sie.

Unser Käfig ist vielleicht ein anderer: lassen wir uns allzu sehr begrenzen und einengen von den Anforderungen unseres Berufes? Bleibt uns deshalb keine Zeit mehr, um Beziehungen zu pflegen und uns in eine christliche Gemeinschaft einzubringen? Oder lassen wir uns bestimmen von den Trends unserer Gesellschaft, die uns vorschreiben möchten, was lebenswertes Leben ist? Sind wir in unserer Identität abhängig von dem, was unsere Familie, unsere Freunde und Arbeitskollegen über uns denken, oder können wir uns mit Gottes Augen sehen?

Elisabeth hat noch etwas anderes sehr klar erkannt: Gott will uns in die Weite führen, heraus aus unserer eigenen kleinen Welt. Er möchte uns Verantwortung übertragen für das Wohl unserer Mitmenschen. Er hat uns beschenkt mit Fähigkeiten und Talenten, und viele von uns auch mit Wohlstand. Unseren inneren und äußeren Reichtum sollten wir nicht nur für uns selbst behalten. Gott hat ihn uns anvertraut, damit wir davon abgeben und unsere Mitmenschen und unsere Gesellschaft segnen. Auch darin dürfen wir „grenzüberschreitend" sein: dort, wo wir gelernt haben, nur für uns selbst zu sorgen, dürfen wir in neue Dimensionen unseres Lebens vorstoßen und erleben: „Geben ist seliger als Nehmen" (Apg 20,35).

Herr,
führe mich in die Weite.

Hinaus aus meiner engen Welt,
aus dem, was mich lähmt.

Hinein in Deine neue Welt,
voller Abenteuer und Möglichkeiten.

Voller unentdeckter Wege
und noch verborgener Pfade.

Die danach rufen,
dass meine Füße sie erkunden.

Herr,
in Deinem Namen
möchte ich Grenzen überschreiten.

Grenzen, die mich festlegen auf das,
was sicher und angebracht scheint.

Grenzen, die Menschen reduzieren auf das,
was andere in ihnen sehen wollen.

Grenzen, die andere zu Stiefkindern machen,
obwohl Du doch unser alle Vater bist.

Herr,
Du bist ein Gott der Weite.

Du willst uns hinführen zu dem,
was unsere Bestimmung ist
seit Beginn der Welt:

Dich zu kennen, Dich zu lieben,
mit Dir zusammen zu sein –
für immer.

„Du stellst meine Füsse auf weiten Raum.“ (Ps 31,9)

„Mache den Raum deines Zeltes weit und breite aus die Decken deiner Wohnstatt; spare nicht!“ (Jes 54,2)

„Ihr aber seid das auserwählte Geschlecht, die königliche Priesterschaft, das heilige Volk, das Volk des Eigentums, dass ihr verkündigen sollt die Wohltaten dessen, der euch berufen hat von der Finsternis zu seinem wunderbaren Licht.“
(1. Petr 2,9)

Die Visionärin

Eines Tages erfährt Elisabeth, dass die Untertanen ihres Mannes Ludwig so viel Steuern an ihren Landesherren abführen müssen, dass ihnen selbst kaum etwas zum Leben übrig bleibt. Das schockiert Elisabeth so sehr, dass sie beschließt, von nun an bei Tisch nur noch von dem zu essen, was von ihren eigenen Ländereien kommt. Auch ihre Dienerinnen hält sie dazu an. Wenn sie sich nicht sicher ist, woher das Essen stammt, fastet sie. Wenn sie aber in Erfahrung bringen kann, dass das Essen und Trinken nicht durch Ausbeutung der Untertanen erworben wurde, sagt sie voller Freude zu sich und ihren Dienerinnen: „Heute wollen wir essen und trinken!" Natürlich stößt dieses Verhalten bei ihrer Verwandtschaft auf Unverständnis und erntet heftige Kritik. In ihrem Ehemann Ludwig hat sie jedoch einen Verbündeten. Er versteht ihre Gewissensnöte und versucht nicht, sie zu einem „standesgemäßen" Verhalten zu zwingen.

Im Jahr 1226 kommt es in Deutschland zu einer katastrophalen Teuerung und Hungersnot. Viele Menschen sterben. Elisabeth kann das Leid um sich herum nicht lange mit ansehen. Ihr Mann Ludwig ist gerade am kaiserlichen Hof in Cremona zu Gast. So gibt sie, die Landgräfin, den Befehl, die gräflichen Kornspeicher zu öffnen. Sie gibt fast den gesamten Vorrat an ihre hungernden Untertanen. Als der Vorrat zur Neige geht, gibt sie auch noch ihren Schmuck her, um Nahrung für die Menschen zu kaufen.

Aber sie belässt es nicht dabei, Nahrung zu verschenken. Sie versucht den Menschen in ihrer Umgebung so zu helfen, dass sie sich selbst helfen können:
An Arme, die noch kräftig genug sind, verteilt sie Kleidung, Schuhe und Sensen, damit sie sich durch Feldarbeit ihr Brot selbst verdienen können.

Als ihr Mann Ludwig vom kaiserlichen Hof zurückkehrt, beschweren sich seine Verwalter bei ihm über Elisabeth. Sie hat die Erträge der gräflichen Besitzungen restlos für die Armen aufgebraucht. Ludwig erwidert, dass sie die Landgräfin in ihrer karitativen Arbeit nicht behindern sollen. Dennoch ist er besorgt. Als er mit Elisabeth allein ist, fragt er sie, wovon sie nun ihre Untertanen auf der Burg ernähren sollen. Elisabeth antwortet ihm, dass alles, was sie beide besitzen, Gott gehört. Sie hat es ihm nur wieder zurückgegeben.

Elisabeth ist eine erstaunliche junge Frau mit Weitblick. Sie begnügt sich nicht damit, Almosen zu geben. Sie möchte hilfsbedürftige Menschen nicht an sich binden, um sich selbst gut fühlen zu können in dem Wissen: „Alle brauchen mich.“ Sie will, dass Menschen ihre Würde behalten können. Sie gibt ihnen eine kleine Starthilfe und ermutigt sie, ihre von Gott gegebenen Gaben zu gebrauchen – ihre Stärken, ihre Fähigkeiten, ihr Können. Sie weiß: jeder hat etwas, was er zu geben hat. Jeder hat etwas, was er gut kann. Manchmal wird es Menschen unmöglich gemacht, ihr Können und Wissen einzusetzen, gerade dann, wenn es ums nackte Überleben geht. Elisabeth sieht in ihren Schutzbefohlenen nicht Menschen, die es nie zu etwas bringen werden. Sie versucht, ihnen Wege aus der Armut und Abhängigkeit zu zeigen. Darin kann sie uns und unserer Gesellschaft heute, fast 800 Jahre später, ein Vorbild sein. In unserer Welt, in unserem Alltag und auch in unseren Gemeinden brauchen wir Menschen, die andere freisetzen; die anderen eine Hilfe zur Selbsthilfe geben; die Menschen nicht an sich binden, sondern ihnen helfen wollen, ihre von Gott gegebenen Gaben zu entfalten.

Bonum est quo

UISQUE ANTE MORTEM FACIT

Das fängt im Kleinen an und hört beim Großen nicht auf: Bin ich ein Mensch, der andere mit Gottes Augen sehen und würdigen kann? Erkenne ich Fähigkeiten z.B. in den jungen Menschen in meinem Umfeld und ermutige ich sie, sich und ihre Gaben auszuprobieren? Versuche ich, ein Mentor für junge Menschen zu sein, der sie an die Hand nimmt und ein Stück weit mit ihnen geht, bis sie gefestigt im Glauben und im Leben ihren Weg alleine gehen können?

Gebe ich ihnen „Starthilfe", damit sie Gottes Herz näher kennen lernen können? Helfe ich mit, dass junge Frauen und Männer in unseren Gemeinden und in unserer Gesellschaft „Visionäre" werden – mit einer tiefen Sehnsucht nach Gott und mit einer Berufung, für die es sich zu leben lohnt?

Obwohl unser Wissen auf allen Gebieten der Wissenschaft und Technik seit Elisabeths Zeit um ein Vielfaches zugenommen hat, hat sich unsere Welt nicht zum Besseren verändert. Immer noch werden Kriege geführt, immer noch sterben weltweit viele, viele Menschen an Unterernährung, immer noch gibt es Dürren und Hungersnöte, immer noch haben wir in den reichen Ländern dieser Erde mehr zu essen, als wir jemals verbrauchen können. Jeder von uns ist mitschuldig daran, dass die Ressourcen unserer Welt so ungleich verteilt sind und der Überfluss der einen nicht dem Mangel der anderen zugute kommt. Ich denke, wir in den reichen Ländern dieser Erde werden uns diesem Schuldzusammenhang nie ganz entziehen können. Doch wir können, so wie Elisabeth, Visionäre werden, die mithelfen, arme und benachteiligte Menschen in die Unabhängigkeit zu führen. Wir können von unserem Überfluss etwas abgeben und Hilfsprojekte unterstützen, die Hilfe zur Selbsthilfe geben. Als Christen können wir Partnerschaften mit christlichen Gemeinden in weniger entwickelten Gebieten unterhalten und praktische, geistliche und finanzielle Unterstützung geben. Wir können auch selbst in die Krisenregionen dieser Erde gehen, für kurze oder längere Zeit, und unser Wissen und Können im Rahmen von Entwicklungshilfeprojekten zur Verfügung stellen. Wir müssen nur ein wenig Mut aufbringen, über unseren Tellerrand hinwegzuschauen und das anzusehen, was wir lieber nicht sehen wollen: Armut, Hunger, Krankheit und Not von Menschen, die für Gott unendlich wertvoll sind, – und die auch uns so viel wert sein sollten, dass wir ihnen helfen wollen.

Die Erfahrung der meisten Menschen, die etwas von ihrem Überfluss an Geld, Nahrung, und Fähigkeiten einsetzen ist letztlich die, dass nicht in erster Linie „die anderen“ die Beschenkten sind, sondern dass Gott die Geber unendlich viel mehr beschenkt.

Gott hat uns alles gegeben, was wir sind und was wir haben. Wir dürfen und sollen großzügig und großherzig mit unseren Gaben umgehen. Und wir brauchen keine Angst zu haben, dass wir am Ende leer ausgehen. Nicht in diesem Leben und nicht im nächsten. Wenn wir eines Tages Gott gegenüberstehen, halten wir zwar nichts in unseren Händen – kein Geld, keine Scheckkarten, keine Bücher, keine Diploma, keine Häuser oder Bankkonten. All das hat vor Gott kein Gewicht mehr. Aber die Stimme und das Geschick der Menschen, die wir mit unserem Leben gesegnet haben, haben für Gott großes Gewicht.

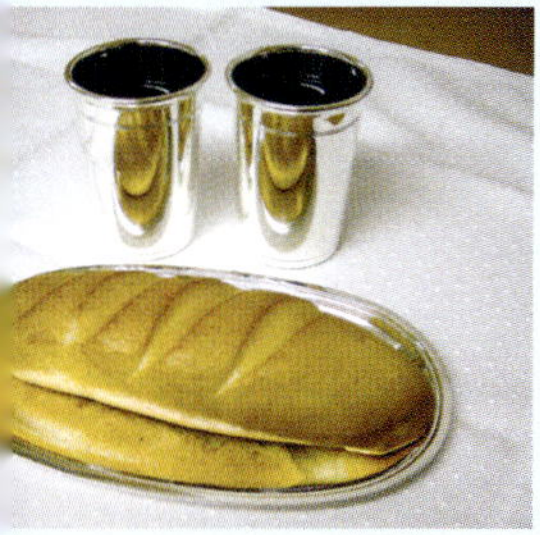

„Brich dem Hungrigen dein Brot, und die im Elend ohne Obdach sind, führe ins Haus! Wenn du einen nackt siehst, so kleide ihn, und entzieh dich nicht deinem Fleisch und Blut! Dann wird dein Licht hervorbrechen wie die Morgenröte, und deine Heilung wird schnell voranschreiten, und deine Gerechtigkeit wird vor dir hergehen, und die Herrlichkeit des Herrn wird deinen Zug beschließen." (Jes 58,7f)

Herr,
gib mir Deinen Blick
für meine Welt.

Herr,
gib mir Deine Liebe
für alle Deine Kinder.

Herr,
gib mir Dein Erbarmen
für die, die meine Hilfe brauchen.

Herr
Du hast mich ermutigt,
beschenkt,
befreit.

Hilf mir,
dass ich auch Deine Kinder,
meine Schwestern und Brüder,
ermutige,
beschenke,
befreie.

Durch Deine Kraft.

Zeige mir,
wo ich heute damit beginnen kann.

„Er hat mich gesandt, den Elenden gute Botschaft zu bringen, die zerbrochenen Herzen zu verbinden, zu verkündigen den Gefangenen die Freiheit, den Gebundenen, dass sie frei und ledig sein sollen; zu verkündigen ein gnädiges Jahr des Herrn und einen Tag der Vergeltung unsres Gottes, zu trösten alle Trauernden.“ (Jes 61,1f)

„Trachtet zuerst nach dem Reich Gottes und nach seiner Gerechtigkeit, so wird euch das alles zufallen.“ (Mt 6,33)

„Dient einander, ein jeder mit der Gabe, die er empfangen hat, als die guten Haushalter der mancherlei Gnade Gottes.“ (1. Petr 4,10)

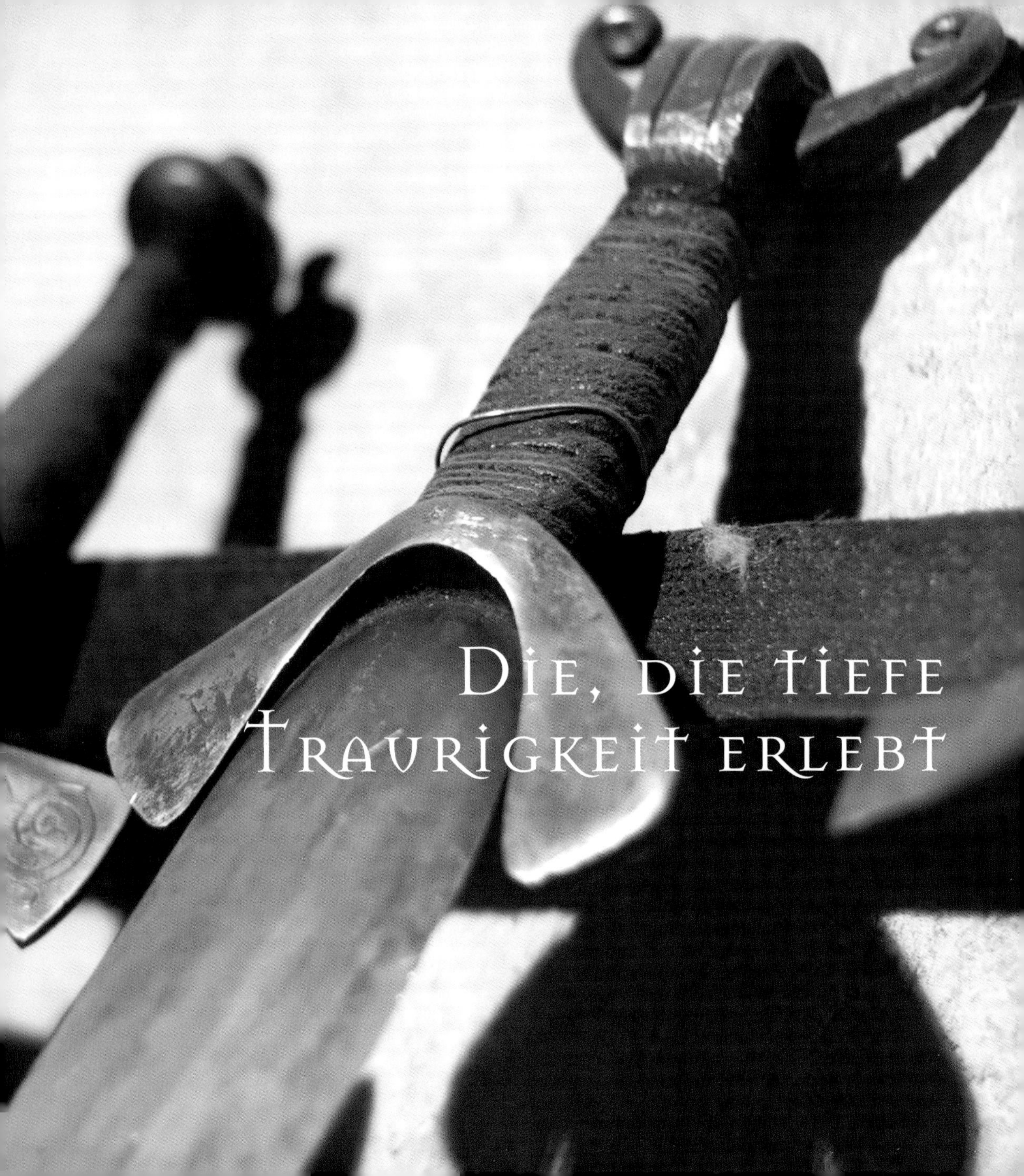

Die, die tiefe Traurigkeit erlebt

Elisabeths Zeit ist die Zeit der Kreuzzüge. Schon ihr Vater, der ungarische König Andreas II., hatte an einem Kreuzzug teilgenommen.

Auf dem Hoftag in Cremona 1226 fängt nun auch ihr Mann Ludwig Feuer für die Ideale der Kreuzfahrer. Er wird von Kaiser Friedrich II. eingeladen, am nächsten Kreuzzug teilzunehmen.

Vom Bischof von Hildesheim erhält Ludwig das Kreuzzugs-Kreuz als Zeichen seiner Teilnahme am Heer des Kaisers. Er verbirgt es unter seinen Kleidern und trägt es nicht offen, wie es eigentlich üblich war, denn er möchte Elisabeth nicht beunruhigen. Dennoch bekommt Elisabeth es zu Gesicht. Sie erschrickt, als sie es sieht. Und sie ist unglücklich. Sie weiß sofort, was das bedeutet: Viele Jahre getrennt zu sein von ihrem Mann. Oder, mit nicht geringer Wahrscheinlichkeit, ihn sogar nie wiederzusehen. Gerade ist sie mit ihrem dritten gemeinsamen Kind schwanger. Aber sie legt Ludwig keine Steine in den Weg. Wahrscheinlich weiß sie, dass ihn nichts davon abhalten kann, sein Gelübde gegenüber dem Kaiser zu erfüllen.

Am 24. Juni 1227 macht sich Ludwig mit einem großen Gefolge auf den Weg zum Kreuzzugsheer des Kaisers. Die schwangere 19-jährige Elisabeth begleitet ihn zu Pferd, so weit es geht. An den Grenzen Thüringens müssen sie sich trennen. Von diesem Tag an kleidet sich Elisabeth wie eine Witwe, um ihrer tiefen Trauer Ausdruck zu geben. Vielleicht hat sie auch geahnt, das sie ihren geliebten Mann nie wiedersehen wird.

Ludwig hat das Heilige Land nie zu Gesicht bekommen. Auf dem Weg erkrankt er an einer Seuche, die offenbar einige aus dem Kreuzfahrerheer erfasst hat. Er stirbt am 11. September 1227 auf seinem Schiff, dass bei Otranto in Süditalien vor Anker liegt. Vom Patriarchen von Jerusalem empfängt er die letzte Ölung und das Abendmahl. Kurz vor seinem Tod sagt Ludwig: „Seht ihr nicht die große Menge schneeweißer Tauben? Ich will mit diesen schneeweißen Tauben von dannen fliegen."

Boten bringen die traurige Nachricht nach Thüringen. Elisabeths Schwiegermutter Sophie übernimmt die schwere Aufgabe, Elisabeth vom Tod ihres geliebten Mannes zu unterrichten. Als sie die Nachricht hört, läuft sie wie wahnsinnig im Zimmer herum und ruft: „Ludwig ist tot. Mit ihm ist mir die Welt gestorben." Tage und Wochen gehen ins Land, und Elisabeth fühlt sich innerlich ganz leer und taub. Drei Monate nach Ludwigs Tod wird ihr gemeinsames drittes Kind, ein kleines Mädchen, geboren. Elisabeth nennt es Gertrud, nach ihrer Mutter. Tod und Leben liegen so nah beieinander. Dennoch: Elisabeths Welt ist zerbrochen. Sie weiß, dass ihre Zukunft auf der Burg gefährdet ist. Denn jetzt, nach Ludwigs Tod, hat sie keinen Fürsprecher mehr. Die Privilegien und ihre eigensinnige Lebensweise, die sie auf der Burg durch Ludwigs Schutz aufrechterhalten konnte, wird sie nun verlieren.

Eines Tages erhält sie Besuch von ihrer Schwiegermutter Sophie und ihrem Schwager Heinrich. Die beiden teilen Elisabeth die neuen Regeln für ihr Leben auf der Burg mit: Die Witwengüter, die Elisabeth zustehen, werden ihr gestrichen, um damit die Schulden auszugleichen, die durch ihre teuren karitativen Projekte entstanden sind. Außerdem darf sie keine Speisen mehr verweigern. Noch weitere Einschränkungen und Regeln werden Elisabeth auferlegt, bis sie schließlich das Leben auf der Wartburg nicht mehr länger ertragen kann. Es nimmt ihr die Luft zum Atmen. Sie fühlt sich wie in einem Kerker. Im Winter 1227 verlässt sie bei Nacht und Nebel die Wartburg. Im Schweinestall eines Wirtshauses in Eisenach findet sie eine notdürftige Unterkunft für die Nacht. Um Mitternacht geht sie in die Kirche der Franziskaner. Mit den Brüdern, mit denen sie sich geistlich verbunden fühlt, feiert sie Gottesdienst. Am nächsten

Dies irae,
dies illa
solvet seclum
in favilla . . .

Tag kommen Elisabeths Dienerinnen mit den Kindern Hermann, Sophie und Gertrud nach.

Mit der Flucht von der Burg hat Elisabeth einen Schlussstrich unter ihr altes Leben gezogen. Sie hat all ihre Privilegien und Ansprüche aufgegeben. Nun ist sie nicht mehr die Landgräfin von Thüringen. Es ist Winter, und es ist kalt in Eisenach. Keine einfache Situation für die 20-jährige Mutter von drei Kindern. Im Schweinestall kann sie nicht bleiben, deshalb zieht sie mit ihren Kindern fürs Erste in das Haus eines Priesters. Danach kann sie in das Haus eines ihrer ehemaligen Diener umziehen, der in Eisenach mehrere kleine Zimmer bewohnt. Elisabeth lebt mit ihren Kindern und Dienerinnen eine Zeit lang in einer einzigen kleinen Stube. Von den Leuten im Haus wird sie aber so schlecht behandelt, dass sie in ein anderes, kleines verwahrlostes Haus umziehen muss. Elisabeth, ihre Kinder und Dienerinnen werden herumgestoßen und verachtet. Sie haben kaum etwas zu essen. Die Kinder sind oft krank. Das machen die Dienerinnen nicht lange mit. Nur Elisabeths Kindheitsfreundin Guda und ihre Vertraute Isentrud bleiben bei ihr. Jetzt, wo sie nicht mehr die Landgräfin von Thüringen ist, zeigen manche der armen Eisenacher, denen Elisabeth noch vor kurzem geholfen hat, ihr wahres Gesicht. Sie behandeln Elisabeth wie eine Verrückte oder Aussätzige. Eines Tages trifft Elisabeth eine alte kranke Frau, der sie oft Medikamente und ihre Zuwendung geschenkt hatte. Die beiden begegnen sich auf einem schmalen steinernen Weg mitten in Eisenach, der über eine tiefe schlammige Stelle führt. Die alte Frau stößt Elisabeth in den Morast. Obwohl all diese Erfahrungen für Elisabeth unbegreiflich und auch sehr schmerzhaft sind, will sie nicht zornig und bitter gegen die Leute werden, die sie so behandeln. Wieder einmal flüchtet sie sich zu Gott und versucht, alles von ihm und nichts von Menschen zu erwarten.

Für eine so junge Frau hat Elisabeth schon viel Leid erlebt. Auch, wenn sie einen großen Teil ihres Lebens als wohlhabende privilegierte Adelige verbracht hat: Geld macht nicht glücklich. Das hat Elisabeth früh gelernt.

Der Verlust der Eltern und der Heimat; die Erfahrung, fremd und unverstanden zu sein; der frühe Tod ihres Ehemannes; die Ablehnung der Verwandten; die

Erfahrung, nirgendwo „zu Hause“ sein zu dürfen; Kälte und Hunger; der Spott und die Grausamkeit derer, denen sie so oft geholfen hat – dass Elisabeth in all diesen Erfahrungen nicht bitter geworden ist, sondern sich ihre Liebe für Gott und Barmherzigkeit für ihre Mitmenschen bewahrt hat, das finde ich ganz außergewöhnlich.

Nach menschlichen Maßstäben hätte sie doch „zu Recht“ wütend, ärgerlich und bitter werden können:

– Gott gegenüber, der so vieles zugelassen und nicht verhindert hat: Hat Elisabeth denn nicht alles für ihn gegeben? Gebete, Almosen, gerechtes Leben, Werke der Barmherzigkeit. Ihre Kinder hat sie ihm geweiht. Und wie dankt er es ihr?

– Den Menschen gegenüber: Hat sie denn nicht alles für sie gegeben? Liebe, Aufmerksamkeit, Medikamente, Pflege. Ein ganzes Hospital hat sie für die Armen gebaut. Und wie danken sie es ihr?

Vielleicht sind Elisabeth solche Gedanken gekommen. Wenn nicht, wäre das übermenschlich. Aber Elisabeth hat diesen Gedanken offenbar keinen Raum gegeben. Sie hat sich nicht das „Recht“ herausgenommen, schlechte Gedanken über Gott und die Welt zu nähren. Sie hat sich davor gehütet, ihre Seele von diesen Gedanken vergiften zu lassen.

In ihrer Trauer und Not wirft sie sich ganz auf Gott. Er ist der Einzige, der ihr helfen kann. Er ist der Einzige, der sie versteht.

Auch wenn Elisabeth uns heute manchmal zu schwärmerisch, zu idealistisch oder vielleicht naiv und kindlich erscheint: Ich glaube, sie ist in vielen Dingen sehr realistisch gewesen. So weiß sie genau, dass sie von Menschen nur bedingt Hilfe und Unterstützung erwarten kann. Sie liebt ihre Mitmenschen und versucht, sie zu ehren. Aber letzten Endes kann sie sich nur auf Gott voll und ganz verlassen.

Einzelne Ereignisse im Leben von Elisabeth, wie sie uns heute überliefert sind, erinnern mich an das Leben von Jesus, ihrem großen Vorbild:

Auch Jesus kannte die Erfahrung, in seiner nächsten Umgebung letztlich fremd und unverstanden zu sein.

Auch Jesus wurde von seinen Verwandten abgelehnt.
Auch Jesus hat erlebt, wie es ist, eigentlich nirgendwo „zu Hause“ zu sein.
Auch Jesus hat den Spott und die Grausamkeit derer kosten müssen, denen er so oft geholfen hat.
Ich denke, Elisabeth hat das gewusst.

In Jesus hat sie einen Verbündeten gefunden, der sie versteht. Der Trauer, Leid und Schmerz selbst durchlitten hat. Der abgelehnt und verachtet wurde wie sie. In Jesus hat sie auch den Bräutigam ihres Herzens gefunden, der sie niemals verlässt.

In Gott hat sie ihren himmlischen Vater gefunden, von dem sie niemand trennen kann. Bei dem ihre Seele zur Ruhe kommt. Bei dem ihr Herz zu Hause ist. Durch den Heiligen Geist, der in ihr lebendig ist, hat sie einen Tröster und Beistand gefunden. Gottes Geist, der ihre Gedanken mit Gottes guten Gedanken durchdringt, der ihr Kraft zu Vergebung und Barmherzigkeit schenkt. Der die Flamme der Hoffnung in ihrem Herzen am Brennen hält.

Mein Herr,
Du verschonst mich nicht
um jeden Preis,
Du lässt es zu.

Erfahrungen von Leid und Trauer,
Bedürftigkeit und Tod,
Ablehnung und Unverständnis,
in meinem Leben.

Du lässt es zu.
Warum?
Ich weiß es nicht.

Am Ende der Zeiten
wird sich alles klären.
Alle Fragen werden gestellt.
Alle Antworten gegeben werden.

. . . und vielleicht . . .
erübrigen sich auch alle Fragen
in Deiner Nähe.

Bis dahin möchte ich
ein Mensch sein,
der keine Wut und Bitterkeit
in seinem Herzen nährt.

Mein Herr,
so oft schon
hast Du mein Leben auch bewahrt,
vor schmerzhaften Erfahrungen,
vor Leid und Tod.

Du hast es nicht zugelassen.
Wie oft?
Ich weiß es nicht.

Sondern jemand,
dessen Herz immer noch,
und immer wieder, offen ist
für Erfahrungen der Freude
und Erfahrungen des Leides.

Offen vor allem,
für die Liebe meines Herrn
und überströmend mit
Barmherzigkeit für andere.

„Die Füchse haben Gruben, und die Vögel im Himmel haben Nester; aber der Menschensohn hat nichts, wo er sein Haupt hinlege.“ (Mt 8,20)

„Gedenkt an das Wort, das ich euch gesagt habe: Der Knecht ist nicht grösser als sein Herr. Haben sie mich verfolgt, so werden sie euch auch verfolgen; haben sie mein Wort gehalten, so werden sie eures auch halten.“ (Joh 15,20)

„Segnet, die euch verfolgen; segnet, und flucht nicht.“ (Röm 12,14)
„Vergeltet niemand Böses mit Bösem. Seid auf Gutes bedacht gegenüber jedermann. Ist's möglich, so viel an euch liegt, so habt mit allen Menschen Frieden.“ (Röm 12,17f)
„Lass dich nicht vom Bösen überwinden, sondern überwinde das Böse mit Gutem.“ (Röm 12,21)

„Und siehe, ich bin bei euch alle Tage bis an der Welt Ende.“ (Mt 28,20)

Die Getröstete

In der Zeit nach ihrer Flucht von der Wartburg hat Elisabeth viel durchgemacht. Und sie hat viel gebetet. Sie schüttet Gott ihr Herz aus. Sie klagt ihm ihr Leid. Sie bestürmt ihn mit Fragen über ihre Zukunft. Sie lobt ihren Herrn. Elisabeth ist eine passionierte und innige Beterin. An der Gemeinschaft mit Gott kann sie sich freuen wie an nichts anderem.

Eines Tages, mitten in der Fastenzeit vor Ostern des Jahres 1228, antwortet Gott auf ungewöhnliche Weise. Ihre Freundin Isentrud bemerkt, dass Elisabeth während eines Gottesdienstes ganz abwesend und versunken, aber sehr glücklich wirkt. Nach dem Gottesdienst spricht Isentrud Elisabeth darauf an. Sie ist neugierig und möchte wissen, was mit Elisabeth während des Gottesdienstes geschehen ist. Elisabeth erzählt Isentrud, dass sie plötzlich von einer tiefen Freude erfasst wurde, und dass sie einen Moment lang Gottes Herrlichkeit sehen durfte. Weiter kann sie nicht beschreiben, was sie erlebt hat. Manche Ereignisse lassen sich nicht in Worte fassen. Isentrud und Elisabeth gehen vom Gottesdienst nach Hause in ihre armselige kleine Behausung zurück. Elisabeth fühlt sich ein wenig krank und isst nicht viel. Stattdessen betet sie. Nach einer Weile bemerkt Isentrud, dass Elisabeth ganz froh und heiter aussieht. Sie fängt sogar an zu lachen, einfach so. Nach einiger Zeit jedoch weint sie leise vor sich hin. So geht es eine ganze Weile. Lachen und Weinen wechseln sich ab.

Dann sagt Elisabeth plötzlich laut: „Ja, Herr, Du willst bei mir sein, und ich will bei Dir sein und werde nicht von Dir lassen.“

Laus tibi, Christe

Isentrud ist erstaunt, als sie Elisabeth so reden hört. Sie fragt Elisabeth, was sie denn nun gerade mit Gott erlebt habe. Elisabeth erzählt ihr von ihrer Vision, in der sie Jesus gesehen hat, der sich ihr zuwandte. Immer, wenn er sie ansah, musste sie vor Freude lachen. Wenn er sich abwandte und fortgehen wollte, fing sie an zu weinen. Daraufhin wandte sich Jesus ihr wieder zu und sagte zu ihr: „Wenn du bei mir sein willst, so will ich bei dir sein."

Elisabeth ist überglücklich. Sie fühlt sich getröstet und gestärkt. Sie hat das ersehnte Zeichen von Gott bekommen. Sie weiß nun: Ganz gleich, was kommt – Gott steht ihr bei. Egal, was die Zukunft bringt – Jesus ist an ihrer Seite, wenn sie an ihm festhält und ihn nicht loslässt. An der Hand von Christus und in seiner Gegenwart sind alle Dinge möglich.

In der Bibel lesen wir immer wieder von Menschen, die außergewöhnliche Erfahrungen mit Gott gemacht haben. Menschen, denen Gott auf ungewöhnliche Weise begegnet ist. Die sich mit der Kraft der Verzweiflung nach Gott ausgestreckt haben. Die von Gott besucht und getröstet wurden. Menschen wie Elisabeth.

So hören wir im Alten und Neuen Testament von Träumen und Visionen, in denen Gott sich seinen Menschen mitteilt:

Jakob träumt von der Himmelsleiter. Joseph deutet die Träume des Pharao. Der kleine Samuel hört Gott sprechen. Ein Engel erscheint Maria. Zu ihrem Mann Joseph redet Gott im Schlaf. Paulus hat eine Vision von Jesus auf der Straße nach Damaskus.

Auch Freude und Lachen, Trauer und Weinen sind keine unbekannten Reaktionen, wenn Menschen von Gottes Geist berührt werden:

Hanna weint im Gebet, als sie Gott um einen Sohn bittet. Saul gerät in „Verzückung", als Gottes Geist ihn erfüllt und ihm ein anderes Herz gibt. David springt und tanzt außer sich vor Freude vor der Bundeslade her.

Das Volk Israel weint, als der Statthalter Nehemia die Worte Gottes vorliest. Die Menschen, die Jesus vor den Toren Jerusalems begrüßen, schreien vor Freude. Petrus weint, als er nach seinem Verrat über die Worte von Jesus nachdenkt. Der Kämmerer aus Äthiopien wird nach seiner Taufe von großer Freude erfüllt.

Elisabeth hat sich mit allem, was sie ausmachte – ihrer Trauer über den Tod ihres Mannes, ihrer zerstörten Hoffnung, ihrer zerbrochenen Träume, der Enttäuschung, der Ratlosigkeit – auf Gott geworfen. Sie hat Zeit mit Gott verbracht. Gebetet. Ihn angefleht. Und Gott lässt sie nicht im Stich. In seiner großen Liebe und Barmherzigkeit antwortet er ihr auf einmalige Weise. Sie darf nicht nur g l a u b e n, dass Gott bei ihr ist. Sie darf es sogar s e h e n und s p ü r e n . Gottes Geist, der in ihr lebt, berührt sie und zeigt ihr Dinge, die dem Auge sonst verborgen bleiben. Elisabeth darf einen Blick in Gottes Wirklichkeit werfen. Und Gottes Wirklichkeit geht nicht auf in der Realität dieser Welt. Sie überschreitet die Dimension, in der wir leben. In Gottes Welt gibt es Hoffnung für Elisabeth, auch wenn in Elisabeths sichtbarer Realität erst mal alles finster erscheint. Gott zeigt Elisabeths innerem Auge, wie er für sie sein will, wenn sie ihn lässt: Der Gott, der mit ihr ist. Der Gott, der immer noch einen Weg weiß, wo sie keinen Ausweg mehr sieht.

Elisabeth darf durch Gottes Geist auch körperlich spüren, wie wunderschön es ist, an der Seite von Jesus zu leben. Sie lacht. Und sie bekommt auch einen Vorgeschmack davon, wie dunkel und verzweifelt einem zu Mute ist, wenn man fern von Gott lebt. Das bringt sie zum Weinen.

Gott ist gnädig. Und Gott ist viel größer als unser kleines Bild von ihm.
Wir müssen nicht nur mit unserem Verstand g l a u b e n , dass er da ist. Wir dürfen zuweilen auch mit unserem Herzen und unserem Körper s p ü r e n und e r l e b e n, wie schön es in Gottes Nähe ist. Wie heilig er ist und wie klein wir sind. Wie sehr er uns liebt und sich über uns freut.
Gott tröstet.

Er tröstet Elisabeth. Und er tröstet auch uns. Mit den Worten der Bibel. Durch Worte und Taten von Menschen. Durch die Berührung seines Geistes, der uns Gott vor unser inneres Auge malt. Oder uns eine tiefe, innige Freude über Christus schenkt.

Laus tibi, Christe

Wir brauchen keine Angst vor der Berührung durch Gottes Geist zu haben. Gott möchte uns die Wirklichkeit hinter unserer Wirklichkeit zeigen.

Wenn wir uns Gott ohne Angst öffnen, wenn wir uns mit allem was wir sind und haben auf ihn werfen, werden wir ganz neue Erfahrungen mit ihm machen dürfen. So wie Elisabeth.

Der heilige Geist gibt uns einen Vorgeschmack auf Gottes kommendes Reich. Er lässt uns die grenzenlose Freude und den unendlichen Frieden von Gottes Wirklichkeit kosten. Er zeigt uns Christus, wie wir ihn noch nie gesehen haben.

Elisabeth hat sich auf eine Reise begeben. Auf die Reise weg von sich selbst und hin zum Herzen Gottes. Auf die Reise weg von der Selbstgenügsamkeit und hin zur totalen Abhängigkeit von Gott.

Nur, wenn wir uns wie Elisabeth auf diese Reise begeben, werden wir Gott auf ungeahnte Weise neu kennen lernen und in unserem tiefsten Inneren getröstet werden.

Wie diese Reise im Einzelnen aussieht, wird jeder von uns mit Gott ausmachen müssen.

Doch das Gebet, das Elisabeth gesprochen hat, wird der Startpunkt unserer Reise sein:

„Ja, Herr, Du willst bei mir sein, und ich will bei Dir sein und werde nicht von Dir lassen.“

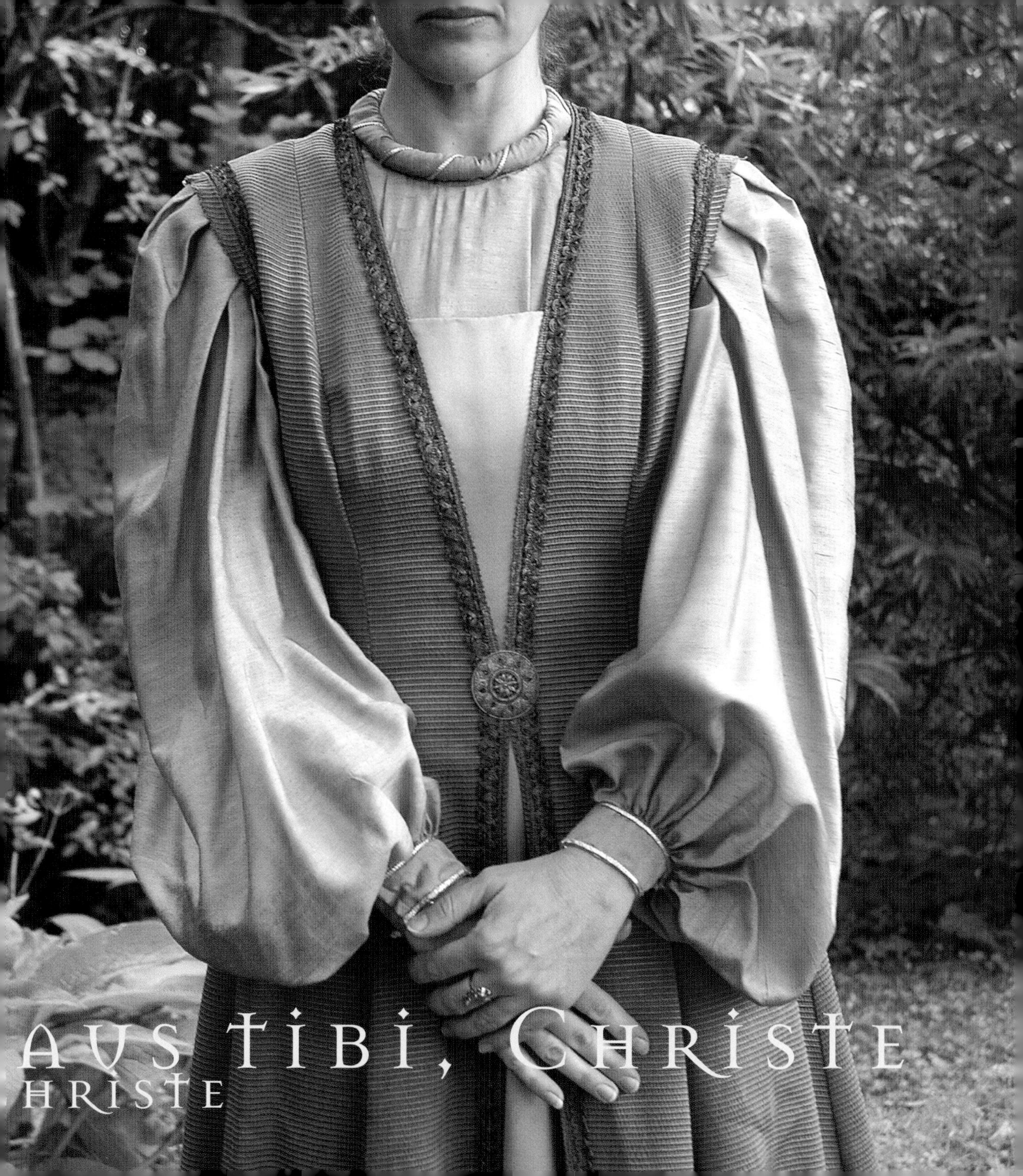
AUS TIBI, CHRISTE
HRISTE

Was wird geschehen,
wenn Du von mir Besitz ergreifst,
wenn Du mir nahe kommst.

Werde ich weinen?
Werde ich lachen?

Werde ich noch ich selbst sein,
wenn Du mein Alles wirst?

Ich will.
Ich will Dich.
Ja, ich will bei Dir sein,
und nicht von Dir lassen.

Sei Du auch bei mir,
und füll mich aus.

Damit ich werde,
was Du in mir siehst.

Herr,
tröste mich.

Sei bei mir,
und halt mich fest.

Herr,
ich brauche Dich.

Und doch hab ich Angst,
... vor Dir, mein Vater,
... vor Dir, mein Herr,
... vor Dir, heiliger Geist.

Laus tibi, Christe

„Und auch ihr habt nun Traurigkeit; aber ich will euch wiedersehen,
und euer Herz soll sich freuen, und eure Freude
soll niemand von euch nehmen.“ (Joh 16,22)

„In der Welt habt ihr Angst; aber seid getrost,
ich habe die Welt überwunden.“ (Joh 16,33)

„Siehe, ich stehe vor der Tür und klopfe an.
Wenn jemand meine Stimme hören wird und die Tür auftun,
zu dem werde ich hineingehen und
das Abendmahl mit ihm halten und er mit mir.“ (Offb 3,20)

Die, die einen neuen
Anfang wagt

Am Karfreitag desselben Jahres, 1228, macht Elisabeth einen weiteren Schritt auf Gott zu, weg vom Schutz und der Sicherheit, die sie als Landgräfin von Thüringen genossen hat. Es ist Elisabeths Antwort auf das, was sie mit Gott im Gebet erlebt. Endlich geht ein Wunsch in Erfüllung, den sie lange Jahre in ihrem Herzen getragen hat. Und es ist der Startpunkt in eine neue Zukunft, ein Abenteuer an der Hand Gottes.

In einer Franziskanerkapelle legt sie vor Konrad von Marburg, ihrem Beichtvater und geistlichem Begleiter, ein Gelübde ab. Sie löst sich von ihrem früheren Leben als Landgräfin, von ihren Familienbanden, von ihrem eigenen Willen, von Reichtum und Prunk, von ihren Untergebenen. Sie möchte ganz für Gott leben, einfach und arm. Ihr großes Vorbild ist dabei Franz von Assisi.

Für Frauen in Elisabeths sozialer Schicht gab es eigentlich nicht viele Möglichkeiten: Nach dem Tod des Mannes konnte man entweder wieder heiraten oder in ein Kloster eintreten. Elisabeth wählt keine von den beiden Möglichkeiten, sondern sie will das Unmögliche, Undenkbare wagen: Sie möchte als Frau alleine, ungebunden, mitten in der Welt leben und dennoch wie eine Nonne oder Ordensfrau. Sie will ihren Lebensunterhalt mit eigener Arbeit erwirtschaften und weiterhin im Dienst an den Armen und Kranken tätig sein.

Elisabeth tut etwas, was uns heute vielleicht kaltherzig und unverständlich erscheint: Ihre beiden älteren Kinder Hermann und Sophie gibt sie zu ihrer Tante ins Kloster nach Kitzingen. Die kleine Gertrud komm zunächst mit ihr. Als sie laufen gelernt hat, vertraut Elisabeth sie dem Kloster Altenberg bei Wetzlar zur weiteren Erziehung an.

Diese Entscheidung ist Elisabeth sicherlich nicht leicht gefallen. Sie hat ihre Kinder so geliebt, wie jede normale Mutter ihre Kinder liebt. Aber sie hatte für sich einen Lebensweg gewählt, den sie ihren Kindern nicht zumuten wollte. Zu Elisabeths Zeit war es etwas ganz Normales, Kinder ins Kloster zu geben, weil sie dort meist eine bessere Zukunft erwartete als außerhalb der Klostermauern. Sie wurden mit Essen und Kleidung versorgt und erhielten eine gute schulische Bildung. Das war weit mehr, als der normale Bürger des 13. Jahrhunderts für seine Kinder erhoffen durfte.

Im Sommer des Jahres 1228 bricht Elisabeth von Thüringen nach Marburg auf. Sie wählt Marburg, weil dort ihr Beichtvater Konrad lebt. Hier findet sie zu ihrer Freude eine Niederlassung der Franziskaner vor, die wahrscheinlich um 1224/1225 in Marburg ein kleines Kloster mit vier oder fünf Brüdern gründeten.

Elisabeths Dienerinnen und langjährige Freundinnen Guda und Isentrud kommen mit ihr nach Marburg. So ist Elisabeth nicht ganz alleine, sondern hat Rückhalt in einer kleinen geistlichen Gemeinschaft von Brüdern und Schwestern, die einen ähnlichen Weg wie sie gehen.

Bei der Oberschicht Marburgs wird Elisabeth überhaupt nicht gut aufgenommen. Der hessische Adel und die landgräflichen Amtsträger benehmen sich feindselig ihr gegenüber. Wahrscheinlich befürchten sie, dass die seltsame Königstochter aus Ungarn Unruhe in ihre Stadt bringen wird.

Menschen haben Angst vor dem, was sie nicht kennen, einordnen und kontrollieren können. Deshalb zieht Elisabeth mit ihren Dienerinnen zunächst in das Dörfchen Wehrda nahe bei Marburg. Sie lässt sich wie eine Obdachlose auf einem verlassenen Hof nieder und lebt im Freien. Sie ernährt sich und ihre Freundinnen von dem, was sie finden kann – meist gibt es ungewürzte Kohlsuppe. Jeden Tag läuft sie von Wehrda nach Marburg. Auf dem Weg, den sie genommen hat, ist noch heute der Brunnen zu sehen, an dem sie öfter Rast machte und Wasser schöpfte.

In Marburg lässt sie mit dem wenigen Geld, das ihr vom Witwengut noch geblieben ist, ein kleines Hospital aus Holz und Lehm errichten. Sie selbst wohnt in einem bescheidenen Häuschen, das für sie gebaut worden war. Von Konrad von Marburg werden Elisabeth und ihre Freundin Guda mit einem einfachen grauen Gewand neu eingekleidet. Sie gehören nun zu einer kleinen, von Konrad von Marburg geleiteten Hospitalitergemeinschaft, zu der im Laufe der Zeit noch weitere Frauen und auch Männer dazukommen.

Durch das graue Gewand ist Elisabeth als eine Ordensfrau erkennbar – aber eine Ordensfrau, die mitten in der Welt lebt.

Für Elisabeth ist ein großer Wunsch in Erfüllung gegangen. Sie darf weiter in der Pflege von Armen und Kranken arbeiten. Sie darf beinahe los und ledig von allen fürstlichen Verpflichtungen und von Besitz sein, den sie immer als großen Ballast empfunden hatte. Sie darf wie Christus leben – arm, ihren Mitmenschen zugewandt, nichts für sich selbst, aber alles für andere hoffend. Die Kapelle in Elisabeths Hospital ist ihrem geistlichen Vorbild, Franz von Assisi, gewidmet.

Das kleine Gebäude liegt im Tal vor den Toren der Stadt Marburg, damit keiner der Bürger durch die Kranken gestört oder angesteckt wird.

Das Spital ist sehr einfach, und dennoch wird es einer der wichtigen Vorreiter für das Krankenhauswesen im Deutschland späterer Jahrhunderte.

Es besteht aus einem Mittelgang, an dem zu beiden Seiten die Schlafstellen für die Kranken liegen. An der Stirnseite des Gebäudes befindet sich die Kapelle. Elisabeth kann in ihrem kleinen Krankenhaus um die 25 Patienten aufnehmen.

Es ist nie zu spät für einen neuen Anfang.
Gott kann aus dem, was uns an Schlechtem widerfährt, etwas Gutes machen.
Manchmal werden Träume, die wir lange im Herzen getragen haben, wahr.

Diese drei Gedanken kommen mir in den Sinn, wenn ich über Elisabeths Aufbruch und neuen Anfang in Marburg nachdenke.

„Es ist nie zu spät für einen neuen Anfang."

Elisabeth hat alles verloren. Ihre Heimat. Ihren Mann. Ihren Status. Aber nicht ihre Sehnsucht. Nicht ihre Hoffnung. Nicht die innere Unruhe, die Gott in sie hineingelegt hat.

Sie hätte an diesem Punkt ihrer Biographie auch resignieren, sich in ihr Schicksal fügen können – verlassen, verachtet, mittellos. Oder sich dem Willen ihrer Familie beugen und wieder heiraten oder in ein Kloster eintreten können. Doch Elisabeth hat eine andere Vision für ihr Leben bekommen. Und sie ist eine Kämpfernatur. Sie gibt nicht auf.

„Das kann doch nicht alles gewesen sein, oder? Es muss doch mehr geben im Leben, nicht wahr? Was willst Du, dass ich tun soll, mein Gott?"
Elisabeth lässt nicht locker. Sie bestürmt Gott, bis er ihr Antwort und die Kraft zu einem neuen Anfang gibt.

Es ist nie zu spät. Nicht, wenn man jung ist. Und nicht, wenn man älter ist. Auch nicht mit 80 oder 90 Jahren. Gott kann uns jederzeit einen neuen Anfang schenken.

Wenn wir vor den Scherben unseres bisherigen Lebens stehen, wenn unsere Lebensentwürfe und Träume geplatzt sind, wenn wir uns in eine Sackgasse hineinmanövriert haben – Gott ist da, der uns eine Tür öffnen will, wenn wir ihn lassen.

Der Gott Abrahams, Isaaks und Jakobs; der Vater Jesu Christi; Elisabeths Gott; unser Gott – er ist ein Gott der neuen Anfänge, der Aufbrüche, der Zukunft und der Hoffnung.

Er hat Abraham und Sara in ihrem Sohn Isaak eine neue Zukunft eröffnet, als sie schon in vorgerücktem Alter waren.

Er hat Mose einen neuen Anfang geschenkt, nachdem er viele Jahre in der Steppe Schafe gehütet hat. Er hat Josef in Ägypten an eine strategisch wichtige Position gebracht, als dieser dachte, sein Leben sei zu Ende. Er hat Simon Petrus eine neue Chance gegeben, als er vor den Scherben seines übersteigerten Selbstbildes stand – er, ein Verräter, der durch die Gnade von Jesus Christus zu einem großartigen geistlichen Leiter der ersten Gemeinde werden durfte. Diesem Gott ist nichts unmöglich. Auch unser Leben ist kein hoffnungsloser Fall für ihn.

„Gott kann aus dem, was uns an Schlechtem widerfährt, etwas Gutes machen."

Elisabeth hat in ihrem Leben oft die Erfahrung gemacht, dass Gott die Dinge zum Guten wendet. Nachdem sie schon als kleines Mädchen ihr Zuhause verloren hat und am thüringischen Landgrafenhof nicht richtig heimisch wurde, hat sie in Ludwig einen wunderbaren Ehemann und zunächst zwei gesunde Kinder geschenkt bekommen. Gott hat aus einer trostlosen Situation für Elisabeth etwas Gutes gemacht. Er hat das Wunder echter Liebe geschenkt. Doch wenige Jahre später verliert Elisabeth ihren Mann. Und wieder wird sie auf der Wartburg zur Fremden, zur Heimatlosen. Doch Gott schenkt ihr eine neue Heimat – sich selbst – und die Möglichkeit, ihren Traum vom Leben in der radikalen Nachfolge Christi zu verwirklichen. Auch, wenn ihre Umgebung sie nicht verstanden und oft schlecht behandelt hat: Gott ist da und führt Elisabeths Leben in eine gute Zukunft.

„Ihr gedachtet es böse mit mir zu machen, aber Gott gedachte es gut zu machen." (1. Mo 50,20) – diese Worte konnte Josef aus vollem Herzen sagen, nachdem er durch die Hände derer, die ihm am nächsten standen, viel Leid erlebt hatte. Aber er ist offen geblieben für Gottes Wirken in seinem Leben. Er ist nicht bitter und hart geworden, wütend auf Menschen und auf Gott. So konnte Gott sein Leben berühren, verändern und erneuern, und ihn zum Segen für viele, viele Menschen machen.

Auch Elisabeth ist nicht bitter und hart geworden gegen die, die ihr wehgetan haben. Sie hat sich darin geübt, zu vergeben, wieder und wieder. Und Gott hat ihre Treue zu ihm belohnt und durch ihr Leben unglaublich viele Menschen gesegnet.

Das gibt mir Hoffnung für mein eigenes Leben. Wenn ich das, worunter ich gelitten habe und die Wunden, die mir das Leben zugefügt hat – wenn ich das alles Gott hingebe und sage: „Schau, das bin ich. Das ist mir geschehen. So denke und fühle ich jetzt darüber. Heile mich!" – Dann darf ich erleben, dass Gott mein Leben verwandelt. Er schenkt mir einen neuen Anfang. Er kann viel mehr aus meinem Leben machen, als ich je zu träumen wagte. Er will mich segnen, und ich darf ein Segen für andere werden.

Manchmal werden Träume, die wir lange im Herzen getragen haben, wahr.

Schon als kleines Kind hat Elisabeth die Sehnsucht entwickelt, Gott ganz nahe zu sein und anderen zu helfen. Beim Spielen bereits sind die Neigungen und Charakterzüge zum Vorschein gekommen, die Gott in ihr angelegt hat und die ihr späteres Leben prägen würden. Sie hatte einen ausgeprägten Gerechtigkeitssinn, wollte ihren Spielkameraden gerne helfen, hat mit ihnen geteilt, ihnen von Gott erzählt ... Hier sehen wir, wie sie schon als Kind das „geübt“ hat, was später ihre Berufung und ihr Dienst werden sollte. Auch, als sie dann verheiratet war, mit den Pflichten und Verantwortlichkeiten einer Ehefrau und Mutter, hat sie ihre Gaben und Fähigkeiten weiter eingesetzt. Und sie hat sich immer danach gesehnt, Gott noch näher zu sein und ihm ungebundener und radikaler nachfolgen zu können. Durch ihre Position als Landgräfin von Thüringen konnte sie viel Gutes tun. Sie hat die Ressourcen genutzt, die ihr Gott geschenkt hat, oft zum Ärger ihrer Verwandten. Gott hat Elisabeth in jeder Lebensphase begleitet und ihr geholfen, ihre Fähigkeiten zum Wohl anderer einzusetzen. Mitten im größten Leid – nach dem Tod ihres Mannes – öffnet Gott ihr eine Tür in einen neuen Lebensabschnitt. Trotz aller Traurigkeit kommt für Elisabeth der Traum, den sie so lange in ihrem Herzen getragen hat, zur endgültigen Erfüllung. Frei von vielen Verpflichtungen, die ihr gesellschaftlicher Stand mit sich brachte, kann sie nun Christus nachfolgen. Auf Anraten ihres Beichtvaters Konrad von Marburg darf sie zwar nicht alles Geld verschenken, das sie noch besitzt, aber sie kann es in den Bau ihres Hospitals in Marburg investieren. Sie darf sich um Kranke und Arme kümmern, wie sie es immer gewollt hat. Sie darf denen, die von der Gesellschaft verstoßen sind, Hoffnung schenken und Gerechtigkeit zuteil werden lassen. Sie kann mit ihnen beten und ihnen von Gottes Liebe und Güte erzählen. Die Träume, die sie bereits als Kind in ihrem Herzen getragen hat, sind nach und nach Wirklichkeit geworden. Denn Elisabeth hat auf ihr Herz gehört. Sie hat nie nachgelassen, ihre Träume zu verfolgen. Sie hat nie zugelassen, dass ihre Sehnsucht und ihre Hoffnung stirbt.

Wie steht es um unsere Träume?
Welche Träume und Wünsche hatten Sie, als Sie Kind oder Teenager waren? Wie wollten Sie gerne sein? Was wollten Sie gerne werden?
Nicht immer sind unsere Träume vom Leben auch Gottes Träume für uns. Und dennoch lohnt es sich, auf das eigene Herz zu hören. Denn oft hat Gott in unseren tiefsten Herzenswünschen seine Berufung für uns verborgen. Leider passiert es uns immer wieder, dass wir im Lauf unseres Lebens und inmitten unserer Alltagsverpflichtungen vergessen, zu träumen. Und wir vergessen, uns an unsere Träume „von damals" zu erinnern.

Mir hat da schon so manches Mal ein einfaches Gebet geholfen:

Herr, zeige mir,
was in meinem Herzen ist.

Zeige mir die Wünsche,
die ich vergraben habe,
aus Angst,
dass sie nie in Erfüllung gehen.

Zeige mir, was Du Dir für mich erträumt hast.

„Und der HERR sprach zu Abram: Geh aus deinem Vaterland und von deiner Verwandtschaft und aus deines Vaters Hause in ein Land, das ich dir zeigen will.
Und ich will dich segnen, und du sollst ein Segen sein.“ (aus 1. Mo 12,1f)

„Habe deine Lust am Herrn; der wird dir geben, was dein Herz wünscht. Befiehl dem Herrn deine Wege und hoffe auf ihn, er wird's wohlmachen.“ (Ps 37,4f)

„Wir wissen aber, dass denen, die Gott lieben, alle Dinge zum Besten dienen, denen, die nach seinem Ratschluss berufen sind.“ (Röm 8,28)

Die Dienende

Elisabeth packt in der Arbeit ihres Hospizes tatkräftig mit an. Sie macht die Betten, wäscht, kocht und spült. Sie pflegt die Kranken. Auch hier zeigt sie, wie schon in ihrem Hospital unterhalb der Wartburg, keine Berührungsängste. Sie ist sich für nichts zu fein. Sie badet die Kranken und deckt sie zu. Ein einäugiges Kind, das an Ausschlag und Lähmung leidet, trägt Elisabeth nachts öfter ins Freie, damit es seine Notdurft verrichten kann. Immer wieder nimmt Elisabeth kranke Waisenkinder bei sich auf und pflegt sie mit viel Liebe und Geduld gesund.

Eines Tages verteilt sie, außerhalb des Hospitals, Geld von ihrem Witwengut an arme Menschen aus Marburg und dem Umkreis. Am Abend bleiben einige Kranke und Schwache im Hof des Hospizes zurück, um dort die Nacht zu verbringen. Elisabeth lässt ein Feuer im Hof anzünden, damit es die Menschen warm haben, und verteilt Brot. Sie sorgt dafür, dass den Armen die Füße gewaschen und gesalbt werden. Die fühlen sich so wohl und geborgen, dass sie anfangen, zu singen. Elisabeth ist zufrieden und sagt zu ihren Mitschwestern: „Seht, ich habe es doch gesagt, wir sollen die Menschen froh machen!“

Einmal, nachdem Elisabeth Kranke in ihrem Hospital gebadet hat, nimmt sie einen feinen leinenen Vorhangstoff und hüllt die Patienten damit ein. Sie ruft fröhlich: „Welches Glück für uns, so unseren Herrn baden und zudecken zu können!“

In den Kranken und Armen sieht Elisabeth Christus. Wie Christus ihr gedient hat, so möchte sie ihm dienen. Sie sieht es als ein Privileg und Vorrecht an, Arbeiten zu tun, vor denen viele andere zurückschrecken würden.

Manche Dinge, die Elisabeth getan hat, erscheinen uns heute unnötig, fremd, bizarr oder sogar abstoßend:

Eines Tages trifft sie auf dem Weg zur Kirche einen ungepflegten armen Mann, der mit einer dicken Schmutzschicht bedeckt ist. Elisabeth nimmt ihn mit zu sich und wäscht ihm Hände und Füße. Der Mann ist aber so dreckig, dass sogar der hartgesottenen Elisabeth schlecht wird. Sie erschreckt sich darüber, dass sie sich so vor dem Mann ekelt. Denn auch in ihm begegnet ihr Gott, wie dreckig der Mann auch sein mag. Deshalb, wie um sich zu bestrafen oder zu erziehen, trinkt sie das Waschwasser und betet: „O Herr, Du hast am heiligen Kreuz um meinetwillen Essig und Galle getrunken. Dafür sage ich Dir von Herzen Dank."

Um eine Frau, die einen äußerst unangenehmen Körpergeruch hat und dabei noch voller eitriger Geschwüre ist, kümmert sich Elisabeth liebevoll. Niemand sonst will diese Frau anrühren. Jeder ekelt sich. Doch Elisabeth bringt sie in einem Hofgebäude des Hospizes unter und übernimmt ihre Pflege. Wieder und wieder spricht sie freundlich mit ihr, streicht ihr liebevoll über das entstellte Gesicht und bringt ihr Achtung und Wertschätzung entgegen. Nach und nach verheilt die Hautkrankheit der Frau. Wahrscheinlich hat Elisabeth um den Zusammenhang zwischen Seele und Körper gewusst und um die große Rolle, die das innere Wohlbefinden bei der Heilung von äußeren Krankheiten spielt.

Manchmal bringt es einen zum Schmunzeln, was über Elisabeth so alles berichtet wird: als Königstochter und Landgräfin hat sie wohl nie kochen müssen. In Marburg aber kocht sie für sich und ihre Dienerinnen und wohl auch für die Patienten. So schmeckt es dann auch. Es wird erzählt, dass Elisabeth oft im Gebet versunken das Essen zubereitet, vergisst, es zu würzen und sogar vergisst, es umzurühren.

Schließlich schmeckt das magere Mittagessen, das meist aus Gemüse besteht, nicht nur fade, sondern auch angebrannt. Wenn ihre Mitschwestern sie deswegen ermahnen, lässt sie es geduldig über sich ergehen. Sie weiß ja, dass sie eine schlechte Köchin ist. Und dennoch hat sie das Herz auf dem rechten Fleck. Sie freut sich, wenn sie anderen dienen kann. Hauptsächlich dient sie den Menschen durch ihre liebevolle Zuwendung, durch ihre Achtung und Wertschätzung gegenüber jedermann, durch ihr pragmatisches Wesen und auch ihr Wissen in der Heilkunde, das sie sich im Laufe der Zeit angeeignet haben muss. Dienen – das ist für eine Königstochter und Landgräfin eigentlich nicht „angesagt“ gewesen, jedenfalls nicht in der Radikalität und dem Ausmaß, in der es Elisabeth getan hat. Als klar wurde, dass Elisabeth nicht nur einem exzentrischen Hobby nachgeht, sondern dass sie einen Lebensweg gewählt hat, haben sich die feineren Leute von ihr abgewandt. Viele ihrer früheren Freunde und sogar Familienmitglieder verachteten sie. In der Gesellschaft von Elisabeth wollte man nicht gesehen werden. Von dieser Verrückten, die so ganz unstandesgemäß lebt, musste man sich fernhalten. Elisabeth war ein „Verlierer“, mit dem die „Gewinner“ nichts zu tun haben wollten. Die, die auf ihre gute Stellung in der Gesellschaft viel Wert legten, haben Elisabeth ihren Lebensstil als Schwäche ausgelegt. Ja, selbst von manchen armen Leuten ist Elisabeth verachtet worden, die nicht verstehen konnten, warum sich ein „Gewinner“ plötzlich auf die Seite der „Verlierer“ stellt und ganz schwach und arm wird. So mancher bedürftige Mensch in Elisabeths Eisenacher Zeit, nach ihrer Flucht von der Wartburg, wollte lieber eine strahlende Heldin haben, die sich in ihrem Glanz in sein Elend hinunterbeugt, als eine Elisabeth, die fast mittellos und schwach das Wenige teilt, was sie noch besitzt. Das menschliche Herz ist eigenartig. Und es hat sich bis heute nicht geändert.

Wer von uns möchte schon gerne aus vollem Herzen dienen? Wer von uns möchte nicht lieber herrschen?

Wer von uns möchte schon gerne nur zusammen mit „Verlierern“ angetroffen werden? Wer von uns möchte sich nicht lieber mit der Gesellschaft von „Gewinnern“ schmücken?

Menschen mit einem großen dienenden Herzen, Menschen wie Elisabeth, sind selten. Damals und heute. Unsere moderne Gesellschaft ermutigt nicht gerade einen Lebensstil, der von Selbstlosigkeit, Hingabe und Demut geprägt ist. Gewinnen und herrschen, das ist das Gesetz unserer Welt. So scheint es zumindest. Doch Elisabeth hat einen Weg gewählt, der sich an einem viel älteren, tieferen und wahreren Gesetz orientiert.

Jesus selbst, der Sohn des Königs des Universums, ist in unsere Welt gekommen, um zu dienen. Nicht als ein strahlender Held, der sich in seiner großen Güte ein wenig zu uns herabbeugt und uns Almosen gibt. Nein. Jesus ist mitten hineingekommen in unser Elend. Er hat uns, den „Verlierern", die Hand gereicht und uns aus dem Dreck gezogen. Er hat uns, die wir ganz verschmutzt waren, – fast entstellt durch eine dicke Schicht Lügen, Betrug, Hass, Wut, Eitelkeit, Selbstsucht – gewaschen mit seinem Blut. Er hat den Becher der Sünde der Welt ausgetrunken bis auf den Grund. Unsere Armut und Krankheit hat ihn das Leben gekostet. Doch: er hat einen guten Weg gewählt. Gott hat sich zu ihm bekannt und aus ihm einen strahlenden Helden gemacht – einen „Gewinner", der weiß, wie sich das Leben als „Verlierer" anfühlt. Ein Herrscher, der weiß, was es heißt zu dienen.

In Elisabeth entdecke ich viele der Charakterzüge ihres Vorbildes, der großen Liebe ihres Lebens: Jesus Christus. Und auch, wenn zu ihren Lebzeiten nur wenige verstanden haben, welche Stärke und innere Größe dazu gehört, dienen zu können – Gott hat es gesehen. Und, da bin ich mir sicher, er hat sich zu Elisabeth gestellt und aus ihr eine Gewinnerin gemacht.

Ich möchte gerne von Elisabeth lernen, dass ich mir nicht zu schade sein darf zum Dienen. Warum auch? Wenn Jesus, mein Herr, sich nicht zu schade war – warum sollte ich es dann sein?

Und dennoch: dienen, von sich selbst wegschauen, etwas von sich verschenken, etwas investieren ohne die Garantie, es jemals zurückzubekommen – das fällt uns allen nicht leicht. Das scheint wider unsere Natur zu gehen. Dazu kommt, dass wir wenig Vorbilder haben. Doch die Menschen, die uns das in unserer Zeit vorleben, die sich von ganzem Herzen für andere einsetzen – die berühren etwas in uns. Tief in uns drin wissen wir: so muss es sein. Nur so kann Gott sein Reich in dieser Welt aufrichten. Er braucht Leute, die nicht schon ganz voll sind von sich selbst, in deren Herzen andere und ihre Nöte noch Platz haben. Gott braucht Menschen, die sich selbst loslassen können, die ihr Herz öffnen und bereit sind, an dem Ort zu dienen, wohin Gott sie beruft. Das kann ganz unten im elendsten Slum oder ganz oben in der Chefetage einer internationalen Bank sein. In Gottes Kraft können wir den Menschen um uns herum dienen, in Wort und Tat, und ihnen helfen, ihrem Heiland zu begegnen.

Herr,
danke, dass Du nicht gekommen bist,
um zu herrschen,
sondern um zu dienen.

Herr,
danke, dass Du uns die Füße wäschst,
wie Du es bei Deinem Freund Petrus
getan hast.

Hilf,
dass wir zulassen können,
dass Du uns so nahe kommst.

Herr,
ich möchte gerne frei werden,
anderen zu dienen
und nicht nur auf das Meine schauen.

Herr,
ich möchte werden wie Du:
demütig, großzügig, voller Liebe,
den Menschen zugewandt.

„Was ihr getan habt einem von diesen meinen geringsten Brüdern, das habt ihr mir getan.“ (Mt 25,40)

„Da nahm Maria ein Pfund Salböl von unverfälschter, kostbarer Narde und salbte die Füsse Jesu und trocknete mit ihrem Haar seine Füsse; das Haus aber wurde erfüllt vom Duft des Öls.“ (Joh 12,3)

„Tut nichts aus Eigennutz oder um eitler Ehre willen, sondern in Demut achte einer den anderen höher als sich selbst, und ein jeder sehe nicht auf das Seine, sondern auch auf das, was dem andern dient. Seid so unter euch gesinnt, wie es auch der Gemeinschaft in Christus Jesus entspricht.“ (Phil 2,3-5)

Die Brückenbauerin

Elisabeth lebt bewusst als Christin, mitten in der Welt. Für sie gibt es keine Trennung zwischen gläubigem Leben und Alltagsleben. Beides gehört zusammen. Deshalb ist es für sie auch selbstverständlich, dass eine Kapelle in ihr Hospital integriert wird. Dort wird für die Kranken und alle Belange des täglichen Lebens gebetet. Elisabeth vermittelt ihren Patienten, dass Heilung mehr bedeutet als nur von Krankheiten gesund zu werden. Auch der innere Mensch muss heil werden, davon ist Elisabeth überzeugt. Der wirkliche Heilungsprozess fängt in der Seele und im Herzen des Kranken an, nicht bei den äußeren Symptomen. So erklärt es sich, dass Elisabeth ihre Patienten bei der Aufnahme in ihr Hospital ermutigt, zu beichten. Sie selbst hat es als befreiend und heilsam erlebt, Gott ihr Herz ausschütten zu können; Lasten bei Gott ablegen zu können; mit dem eigenen Versagen und der Schuld ganz vertrauensvoll zu Gott zu kommen; ihn um Vergebung und einen neuen Anfang bitten zu können. In ihrer Hospitalarbeit verbindet Elisabeth Alltag und Glauben, Leib und Seele. Das Gebet wird zu ihrer täglichen Kraftquelle. Nur durch das Gebet, nur in der engen Gemeinschaft mit Christus und in der Kraft Gottes kann sie jeden Tag bestehen und ein Segen für die Menschen sein, denen sie begegnet.

Elisabeth ist keine „Sonntagschristin". Sie lebt in der Gewissheit, dass Gott da ist und sie zu den Menschen um sie herum sendet, jeden Tag der Woche, jede Stunde.

Auch außerhalb des geschützten Rahmens ihres Hospitals tritt sie mit Vollmacht und in der Autorität Gottes auf. Dabei macht sie keinen harten, verbissenen oder strafenden Eindruck, sondern ist durch ihre Liebe zu Christus und ihren Mitmenschen motiviert:

Eines Tages bekommt Elisabeth – sie ist gerade in der Kirche im Dörfchen Wehrda bei Marburg – Besuch von einer Frau aus der Oberschicht, Gertrud von Leimbach. Sie wird von einem jungen Mann mit Namen Berthold begleitet. An seiner Kleidung kann Elisabeth erkennen, dass er sehr viel Wert, offensichtlich zu viel Wert, auf Äußerlichkeiten und ein luxuriöses Leben legt. Elisabeth spricht ihn unverblümt darauf an und fragt: „Du scheinst mir dein Leben ohne Überlegung zu führen. Weshalb dienst du nicht deinem Schöpfer?“ Der junge Mann reagiert nicht verärgert, sondern ganz offen und positiv. Anscheinend ist Elisabeth die erste, die ihm das so ins Gesicht sagt. Und offensichtlich hat sie den wunden Punkt getroffen. „O Herrin,“ antwortet er ihr, „ich wünschte, Ihr würdet Gott für mich bitten, dass mir unser Herr die Gnade gewährt, ihm zu dienen.“ Elisabeth fragt ihn daraufhin ganz direkt: „Möchtest du, dass ich für dich bitte?“, und er antwortet mit „Ja“.

Elisabeth fängt auf der Stelle an, Gott inständig für den jungen Mann zu bitten. Berthold bleibt in der Kirche, in einiger Entfernung von Elisabeth, und betet ebenfalls. Nach einiger Zeit ruft er plötzlich laut: „O Herrin, hört zu beten auf!“ Elisabeth betet weiter, noch leidenschaftlicher als zuvor. Berthold bricht am ganzen Körper der Schweiß aus. Er fängt an, sich heftig und unkontrolliert zu bewegen und fällt zu Boden. Er hat das Gefühl, innerlich in Flammen zu stehen. Als Elisabeth endlich aufhört, für ihn zu beten, lässt das Gefühl der Hitze nach. Wir wissen nicht, was genau der junge Mann im Gebet mit Gott erlebt hat. Dieses Ereignis hat sein Leben aber so nachhaltig verändert, dass er beschließt, von nun an Gott zu dienen und nicht mehr sich selbst. Sein weiterer Lebensweg führt ihn dann, ungefähr ein Jahr später, in ein Kloster der Franziskaner.

Es wird berichtet, dass andere Menschen, für die Elisabeth gebetet hat, ähnlich tiefe geistliche Erfahrungen gemacht haben, die auch in körperlichen Phänomenen ihren Ausdruck finden konnten.

Elisabeth schlägt eine Brücke zwischen der Welt Gottes und der Welt der Menschen. In ihren Taten und in ihren Worten bringt sie ihre Mitmenschen in Berührung mit Gott und seinem Erbarmen, seiner Liebe, seiner Heiligkeit. Sie hat keine Angst davor, mit anderen über Gott zu reden. Der christliche Glaube ist für sie kein Tabuthema, im Gegenteil. Sie ist sich der heilsamen Gegenwart Gottes in ihrem Leben so bewusst und dankbar darüber, dass sie unbedingt auch andere mit Jesus Christus, ihrem Heiland, bekannt machen will.

Elisabeth ist eine Prophetin und Visionärin ihrer Zeit. Wie die Propheten und Prophetinnen des Alten und Neuen Testamentes tut sie Dinge, die „anders" sind. Und sie sagt mitunter Dinge, die unangenehm und sperrig sind. Deshalb wenden sich viele von ihr ab. Doch die, die bereit sind, ihre Taten und Worte näher in Augenschein zu nehmen und genauer hinzuhören, die erleben, dass Elisabeth in der Vollmacht Gottes handelt.

Auch wenn Elisabeth ein Mensch war wie wir, mit Fehlern, Ecken und Kanten – Gott hat sich zu ihr gestellt und mit ihr zusammengearbeitet. Er hörte auf ihr Gebet und segnete durch sie. Denn Elisabeths Herz schlug für ihn. Mit ihrem ganzen Leben wollte sie Gott Freude schenken. Deshalb konnte er sie auch zu einer Brückenbauerin machen: Durch ihr Vorbild, durch ihr Wesen, ihre Worte und Taten fanden viele Menschen zum ersten Mal den Weg zu Gott. Elisabeth gelang es immer wieder, den Graben, den ihre Mitmenschen zwischen ihrer eigenen Welt und Gottes Welt empfanden, zu überbrücken. Sie wurde selbst zur Brücke, durch die andere mit Gottes Wirklichkeit und Herrlichkeit verbunden wurden. Elisabeth scheute sich nicht davor, Menschen mit der Wahrheit über ihr eigenes Leben zu konfrontieren – auch wenn diese Wahrheit im ersten Moment unangenehm sein konnte. Sie sagte die Wahrheit, aber in Liebe. Sie sprach die Wahrheit aus, nicht um zu zerstören, sondern um Raum für Neues zu schaffen.

Im Leben des jungen Berthold z.B. hat sie Tendenzen gesehen, die, wie sie wusste, ihm letzten Endes nur schaden würden. Zerstörerische Tendenzen. Gewohnheiten, die ihn von Gott entfremdet haben. Doch Berthold ist anscheinend an einem Punkt in seinem Leben angelangt, an dem er für Neues bereit ist. Vielleicht hat er insgeheim schon lange darauf gewartet, dass ihn jemand anspricht, ihm einen Ausweg aus der Sackgasse zeigt und ihm eine Brücke zu Gott baut. Elisabeth ließ sich von Gott leiten und wurde für ihn zur Brückenbauerin.

Ihr Leben fordert uns heute heraus, zu Brückenbauern des 21. Jahrhunderts zu werden. Denn auch unsere Gesellschaft und Welt, 800 Jahre nach Elisabeths Zeit, hat sich so weit von Gott entfernt, dass viele Menschen von sich aus nicht mehr den Weg zu ihrem himmlischen Vater finden. Die meisten wissen ja nicht einmal, dass es einen himmlischen Vater gibt. Gott ruft uns, wie er auch Elisabeth gerufen hat, Brücken zu bauen und Wege zu ebnen, auf denen unsere Mitmenschen zu Gott kommen können. Dazu brauchen wir als allererstes ein Herz, das für Gott schlägt und den Willen, unser Leben in den Dienst Gottes zu stellen. Darum können wir immer und immer wieder im Gebet bitten. Gott kann uns auch den Mut schenken, um neue Wege zu unseren Mitmenschen zu finden. Gott selbst ist ja Experte im Brückenbauen. In seinem Sohn Jesus hat er den Abgrund überbrückt, der sich zwischen ihm und seinen Kindern aufgetan hat. Jesus ist die Brücke und der Weg, auf dem Menschen zu Gott kommen können.

Jesus hat während seines Lebens selbst viele, viele Brücken gebaut, um die Menschen seines Landes mit Gott in Verbindung zu bringen, in seinen Worten und Taten.

Gott lädt uns ein in sein „Bauteam". Er beruft uns, Brücken zu bauen und Brücken zu sein. Wir dürfen die uralte Botschaft – die Botschaft von der Liebe und Vergebung Gottes, von der Chance zu einem neuen, erfüllten Leben – zu unseren Familienmitgliedern, Freunden, Nachbarn und Arbeitskollegen bringen. Gottes Geist muss uns helfen, neue und kreative Wege zu finden. Gott selbst muss uns befähigen, in göttlicher Vollmacht und Liebe Menschen zu ihm zu führen.

Herr,
ich möchte Brücken bauen,
durch die andere
den Weg zu Dir finden.

Herr,
ich möchte eine Brücke sein,
die anderen den Zugang
zu Deiner Welt öffnet.

Danke,
dass seit Jesus
unsere Welten nicht mehr getrennt sind,
sondern untrennbar verbunden –
die himmlische und die irdische Welt.

Herr,
schenke mir immer wieder Deinen Geist,
der mich ermutigt und ermahnt,
neue Wege zu suchen und zu öffnen,
auf denen meine Freunde und Feinde
zu Dir kommen können.

„Und es soll durch dich wieder aufgebaut werden, was lange wüst gelegen hat, und du wirst wieder aufrichten, was vorzeiten gegründet ward; und du sollst heissen: ‚Der die Lücken zumauert und die Wege ausbessert, dass man da wohnen könne.'" (Jes 58,12)

„Als Jesus den liegen sah und vernahm, dass er schon so lange gelegen hatte, spricht er zu ihm: Willst du gesund werden?" (Joh 5,6)

„Ich bin der Weg und die Wahrheit und das Leben; niemand kommt zum Vater denn durch mich." (Joh 14,6)

„Seid nicht träge in dem, was ihr tun sollt. Seid brennend im Geist. Dient dem Herrn." (Röm 12,11)

Die, die Gemeinschaft sucht

Elisabeth ist eine starke und herausragende Persönlichkeit. Es ist nicht immer leicht, mit ihr zusammenzuleben und zu arbeiten. Denn sie hat ihre ganz eigenen Vorstellungen von dem, wie der Dienst an den Kranken im Hospital und an den Armen in Marburg auszusehen hat. Elisabeth kann ausgesprochen starrköpfig sein, wenn sie möchte. Sie weiß, was sie will. Zuweilen lebt sie so sehr in ihrer eigenen Welt, dass es für andere schwer ist, an sie heranzukommen. Wenn sie z.B. im Gebet versunken ist, scheint sie nichts um sich herum wahrzunehmen. Sie bemerkt es sogar noch nicht einmal, wenn sich ihr Gewand während des Kochens am offenen Feuer entzündet. Ihre Mitschwestern müssen sie aus ihrer Versunkenheit aufrütteln und die schwelenden Flammen ausklopfen. Elisabeth kann sehr hart gegen sich selbst sein, und manchmal auch mit anderen. Dann ist da aber auch wieder die weiche, liebevolle, barmherzige Seite von Elisabeth. Sie liebt ihre Mitmenschen. Sie behandelt ihre Dienerinnen wie Freunde. Sie dürfen sie mit „Du" und „Elisabeth" anreden und nicht, wie es damals üblich war, mit „Ihr" und „Herrin". Sie isst mit den Dienerinnen zusammen aus einer Schüssel, auch wenn diese sich zunächst etwas unwohl fühlen, weil sie es nicht gewohnt sind, dass Standesunterschiede so aufgehoben werden. Elisabeth scheut sich nicht davor, ihrer Zuneigung auch körperlichen Ausdruck zu geben und ihren Freundinnen zu zeigen, dass in Christus alle Unterschiede aufgehoben sind: Irmgard, eine ihrer früheren Dienerinnen, fragt Elisabeth eines Tages zaghaft, ob es gut für sie sei, mit Elisabeth aus einer Schüssel zu essen, denn sie könne deswegen doch hochmütig werden. Elisabeth nimmt sie daraufhin als Zeichen und Ausdruck ihrer geschwisterlichen Liebe auf den Schoß.

Elisabeth ist eine junge Frau mit großen charakterlichen Stärken und auch Schwächen. Sie ist eine charismatische Persönlichkeit, die auf Menschen einen starken Eindruck ausübt. Manchmal wirkt sie in ihrem Verhalten widersprüchlich – weich und barmherzig gegenüber den Kranken und Armen in einem Augenblick, aber mitunter auch hart und unnachgiebig im nächsten Moment. Einmal fordert Elisabeth eine arme ältere Frau auf, zur Beichte zu gehen. Als diese sich nach wiederholten Ermahnungen immer noch weigert, treibt Elisabeth sie mit einem Stock zur Beichte. Einem jungen Mädchen namens Hildegund lässt sie die schönen langen Haare abschneiden, weil Elisabeth irrtümlich annimmt, Hildegund hätte sich einer ihrer Anordnungen während der Austeilung von Almosen widersetzt. Dieselbe Hildegund ist dann allerdings trotz ihrer Trauer über die ungerechte Behandlung so von Elisabeth beeindruckt und herausgefordert, dass sie sich mit dem Ordensgewand der Hospitalgemeinschaft einkleiden lässt. Sie widmet von da an ihr ganzes Leben dem Dienst an den Kranken.

Eigentlich ist Elisabeth mit ihren Ecken und Kanten prädestiniert zur Einzelgängerin. Doch sie hat sich bewusst gegen diesen Weg und für ein Leben in der Gemeinschaft mit anderen entschieden. Sie weiß, dass sie alleine, auf sich gestellt, nicht lange überleben kann. Gerade als Christin möchte sie Gemeinschaft leben, auch, wenn es für sie und mit ihr nicht immer einfach ist. Sie weiß, dass das Leben in Gemeinschaft mit anderen nicht nur dem Dienst im Hospital zuträglich ist, sondern auch eine Charakterschule für sie selbst bedeutet. Sicher hat Elisabeth so manches Mal an ihren Mitschwestern und Mitbrüdern im Hospital gelitten. Und sicher haben auch diese immer wieder einmal unter Elisabeth zu leiden gehabt. Aber da gibt es ja auch die anderen Zeiten: Zeiten, in denen man sich zusammen freuen kann über einen gemeinsam errungenen Sieg – ein Patient, der geheilt entlassen wird oder ein Mensch, der in seiner Seele ein Stück Heilung erlebt und sein Leben verändert. Geteilte Freude ist doppelte Freude. Wenn ein Kranker stirbt, um den die Hospitalgemeinschaft lange gekämpft hat, dann gibt die Gemeinschaft Halt und Stärke. Geteiltes Leid ist halbes Leid.

Leben in Gemeinschaft – Elisabeth hat es uns vorgelebt. Das Erstaunliche daran ist: Leben in Gemeinschaft ist kein veraltetes Modell, im Gegenteil. Heute ist dieses Thema aktueller als je zuvor. Familien- und Gemeinschaftsstrukturen zerbrechen in unserer westlichen Welt mehr und mehr. Der Trend geht hin zum unabhängigen, selbstbestimmten Leben. Auch in anderen Kulturen, die von jeher stark an der Gemeinschaft und der Gruppe orientiert waren, gibt es große Umwälzungen. Im Orient z.B. verändern sich jahrhundertealte Gesellschaftsstrukturen, weg vom Leben in der Gemeinschaft, der Großfamilie und Sippe. Junge Leute brechen aus, verlassen ihre primäre Bezugsgruppe und ziehen es vor, weit weg und mit einem Minimum an sozialen Kontakten zu leben. Im Westen, wo wir dieses Modell schon länger praktizieren, erfahren wir langsam auch die Nachteile, die es mit sich bringt: Leute vereinsamen, haben kaum noch soziale Kontakte, der Fernseher oder das Internet werden zum Ersatz für mangelnde Ansprechpartner und Gemeinschaft. Einsamkeit bringt seelische und körperliche Krankheiten mit sich. Menschen, die intensive und gute Freundschaften und Partnerschaften pflegen, leben gesünder. Der Mensch ist nicht dazu geschaffen, mit nur einem Minimum an sozialen Kontakten zu leben. Wir brauchen den anderen. Damit meine ich nicht notwendigerweise einen Lebenspartner. Jeder von uns braucht eine Gemeinschaft, die ihn trägt und hält, und in die er investieren kann. Gerade als Christen sind wir dazu aufgerufen, die Gemeinschaft mit anderen Schwestern und Brüdern zu suchen. Der Sinn einer Kirche, einer Gemeinde, eines Hauskreises, einer kommunitären Struktur in unserem Leben ist es, dass wir einander tragen, ermahnen und ermutigen auf unserem Weg mit Gott. Wir dürfen miteinander lachen und weinen. Wir dürfen uns übereinander ärgern oder freuen. Wir reiben uns aneinander mit unseren unterschiedlichen Charakteren und formen uns gegenseitig auf Jesus hin. Eine christliche Gemeinschaft ist auch dazu da, zu lehren und zu unterweisen, Menschen freizusetzen, damit sie ihre Berufung finden können. Die Gemeinschaft mit unseren Schwestern und Brüdern soll die feste Basis sein, von der aus wir in unseren Alltag und unsere Welt hineinwirken können.

Die Gemeinschaft ist kein Selbstzweck. Sie ist sich nicht selbst genug. Sondern die Gemeinschaft von Christen untereinander soll dazu helfen – so wie es auch bei Elisabeth der Fall war – unsere Kräfte zu bündeln und für die Veränderung der Missstände unserer Gesellschaft zu arbeiten. Eine gesunde Gemeinschaft setzt ihre Mitglieder frei und rüstet sie aus für den Dienst an unseren Mitmenschen, die Gott und seine heilende Kraft noch nicht kennen. Eine gesunde Gemeinschaft definiert sich nicht durch eine negative Haltung und Abgrenzung gegenüber der „Welt", sondern durch große Liebe und Erbarmen für und große Hingabe an unsere Welt. Eine gesunde Gemeinschaft ist dazu da, andere mit „ins Boot" zu holen. Viele Menschen, die Gott noch nicht kennen, sehnen sich nach einer heilenden Gemeinschaft, in der sie den Gott der Hoffnung und des Lebens kennen lernen können. Sind wir Teil einer solchen Gemeinschaft?

Gott,
Du bist ein Gott der Gemeinschaft.

Du bist eins.
Und doch bist Du drei:
Vater, Sohn und Heiliger Geist.

Du warst Dir nicht selbst genug,
Sondern hast Dir Gesellschaft geschaffen –
Uns, Deine Menschen.

Es machte Dir keinen Spaß,
alleine durch den Garten Eden zu laufen.

Mit Adam und Eva
bist Du in der Abendfrische spazieren gegangen.

Du hast festgehalten an der Gemeinschaft,
auch, als es schwierig wurde.

Du hast uns zurückgeholt ins Boot,
als wir von Dir fortgelaufen sind.

Du wendest Dich uns zu, wieder und wieder,
und schenkst uns Vertrauen.

Du wirst enttäuscht, wieder und wieder,
und dennoch hältst Du an uns fest.

Die Gemeinschaft mit uns tut Dir gut.
Du lachst mit uns und weinst mit uns.

Du freust Dich, wenn wir wieder etwas gelernt haben,
was Deinem Herzen Freude bringt,
und die Welt ein Stückchen heller macht.

Hilf uns, dass auch wir,
so wie Du,
uns nicht selbst genug sind,
sondern an der Gemeinschaft mit anderen festhalten
auch, wenn es schwierig wird.

Hilf uns,
miteinander zu lachen und zu weinen,
und einander an der Hand zu fassen,
um unseren Weg gemeinsam zu gehen.

RATIAS AGIMUS TIBI

„Und Gott der HERR sprach: Es ist nicht gut, dass der Mensch allein sei; ich will ihm eine Hilfe schaffen als sein Gegenüber.“ (1. Mo 2,18)

„Und sie waren täglich einmütig beieinander im Tempel und brachen das Brot hier und dort in den Häusern, (...) und lobten Gott und fanden Wohlgefallen beim ganzen Volk. Der Herr aber fügte täglich zur Gemeinde hinzu, die gerettet wurden.“ (aus Apg 2,46f)

„Wenn e i n Glied leidet, so leiden alle Glieder mit, und wenn e i n Glied geehrt wird, so freuen sich alle Glieder mit. Ihr aber seid der Leib Christi und jeder von euch ein Glied.“ (1. Kor 12,26f)

Die Himmelstochter

Elisabeth sieht nicht aus wie eine „echte“ Königstochter und verhält sich auch nicht so, wie man es von einer jungen Frau aus dem ungarischen Königshaus erwarten würde. Sie ist arm und abgerissen gekleidet. Sie trägt einen kurzen grauen Mantel, den sie mit andersfarbigem Stoff notdürftig verlängert hat. Ihr Untergewand, das an vielen Stellen durch ihre Unaufmerksamkeit beim Kochen vom Feuer versengt ist, hat sie mit allen möglichen abgewetzten Stofffetzen ausgebessert. Eigentlich kann sie gar nicht nähen, und dementsprechend sehen die ausgebesserten Stellen dann aus. Nach außen hin erscheint sie eher wie eine Bettlerin als wie eine Königstochter und ehemalige Landgräfin.

Es wird berichtet, dass Franz von Assisi in Italien vom Leben und den Taten der jungen Elisabeth hört. Er ist davon so bewegt, dass er ihr als Zeichen seiner geistlichen Verbundenheit und als Ermutigung seine eigene Kutte schickt. Elisabeth, die das Leben von Franz von Assisi sehr auf ihrem eigenen Weg inspiriert hat, freut sich von Herzen über das Geschenk und hält es in Ehren. Manchmal legt sie das Gewand an, wenn sie betet. Aber im Alltag trägt sie dann wieder ihre alte, schäbige Kleidung.

Elisabeth arbeitet hart. Wenn sie nicht mit der Versorgung der Kranken und Armen beschäftigt ist, verdient sie sich ihren Lebensunterhalt durch das Spinnen von Wolle. Vom Kloster Altenberg bei Wetzlar erhält sie Wolle, die sie dann verarbeitet und unter Wert verkauft. Der Erlös reicht gerade zum Überleben, und dennoch opfert sie davon noch etwas für die Kollekte in der Kirche.

Die Nachricht, dass die Königstochter Elisabeth das Leben einer Bettlerin führt, dringt bis an die Ohren ihres Vaters in Ungarn. Er sendet einen Boten mit großem Gefolge, um seine Tochter nach Ungarn zurückzuholen und ihr ein Leben zu ermöglichen, das einer Königstochter würdig ist. Der Bote, Graf Panian, trifft Elisabeth in Marburg an, als sie gerade am Spinnrad sitzt und Wolle verarbeitet. Er ist so entsetzt, dass er sich bekreuzigt und ruft: „Noch nie habe ich eine Königstochter Wolle spinnen sehen!" Mit aller Kraft versucht Graf Panian, Elisabeth zur Heimkehr in das Königreich ihres Vaters zu bewegen.

Doch Elisabeth hat ihr Königreich gefunden. Es ist bei den Armen und Kranken Marburgs, bei den Menschen, die sie brauchen und deren Leben sie ein wenig heller machen kann. Sie ist nicht mehr zuallererst die Tochter des ungarischen Königs, sondern die Tochter des himmlischen Königs. Ihr Vater im Himmel gibt ihr mehr und bedeutet ihr mehr, als ihr irdischer Vater es jemals kann. Elisabeth ist eine Himmelstochter geworden. Und Himmelstöchter sind nicht in erster Linie an ihrem Aussehen oder ihren Taten zu erkennen. Gott gibt Elisabeth, seiner Tochter, eine ganz eigene, unabhängige Würde. Ihre königliche Herkunft zeigt sich nun an ihrer Einstellung zu sich selbst, Gott und den Menschen. Ihr Adel besteht nun darin, wie sie andere Menschen ansieht und sich ihnen gegenüber verhält. Sie, die Himmelstochter, sieht jeden, wie krank und arm er auch sein mag, mit den Augen des Vaters im Himmel. Sie versucht so zu leben, wie es einem Königskind entspricht, dessen Heimat im Himmel ist.

Graf Panian muss unverrichteter Dinge wieder in sein Land zurückkehren. Gott hat andere Maßstäbe als wir. Himmlische Maßstäbe.

Als Himmelssöhne und Himmelstöchter sind wir geprägt von diesen Maßstäben – oder sollten uns zumindest danach ausstrecken, immer mehr von ihnen geprägt zu werden. Das, was für uns Menschen oft so ungemein wichtig ist, erscheint aus der Perspektive Gottes in einem anderen Licht. Unser Äußeres, unser Status in der Gesellschaft, unser Erfolg oder Misserfolg auf der Karriereleiter, unser Besitz ... all das zählt in Gottes Augen herzlich wenig. Gott sorgt sich am meisten um den Zustand unseres Herzens. Sind wir in Gott verankert, oder hängen wir zu sehr an dem, was „man" tut oder nicht tut, was „in" oder gerade wieder „out" ist? Haben wir unseren Wert in Gott oder hängt unser Wert an der richtigen Ausbildung, den besten Klamotten und an dem neuesten Auto, Computer oder Handy?

Elisabeth hatte ihren Platz gefunden. Für sie war der gesellschaftliche Rang und alle Privilegien und Annehmlichkeiten, die dazu gehörten, nicht mehr wichtig. Kein noch so verlockendes Königreich konnte ihr das bieten, was ihr die enge Gemeinschaft mit Gott und das Wissen, ihre Berufung zu leben, gab. Von Elisabeth möchte ich lernen, wie eine Himmelstochter zu leben – mitten in der Welt, und doch unabhängig, in Gott verankert. Ich möchte meine Welt aus Gottes Perspektive sehen können – sehen, was für ihn wichtig ist und was nicht. Ich möchte nicht von den Trends meiner Gesellschaft, sondern von Gottes Geist getrieben werden. Ich möchte mich selbst und andere nicht in die Kategorien, die meine Umwelt mir vorgibt, einordnen, sondern Gottes Werte und Maßstäbe anlegen. Vor allen Dingen möchte ich die Welt um mich herum mit Gottes Augen der Liebe und Barmherzigkeit sehen.

Gott hat eine Heimat für uns, die viel mehr ist und viel wirklicher als unsere irdische Heimat – eine himmlische Heimat. Wir alle dürfen dort zu Hause sein, schon jetzt und auch in der Ewigkeit. Diese himmlische Heimat steht uns mitten in der Welt, mitten in unserem Alltag zur Verfügung. Aus der Sicherheit und Geborgenheit unserer himmlischen Heimat heraus, dürfen wir in unsere irdische Heimat hineinwirken und sie zum Guten hin verändern, in Gottes Kraft. Mit der Kraft, die uns aus der Verankerung in unserer himmlischen Heimat zuwächst, können wir die Missstände in unserer Welt wahrnehmen, aushalten und helfen, sie zu beseitigen.

So, wie Elisabeth.

Himmelstöchter und Himmelssöhne sind nicht besser oder perfekter als andere. Sie haben nur gelernt, einen anderen Standpunkt einzunehmen und nicht restlos in unserer Gesellschaft und Welt aufzugehen. Sie stehen an der Seite Gottes, der unsere Welt gemacht hat und am besten weiß, wie sie wieder geheilt werden kann. Sie stehen an der Seite von Jesus, der in göttlicher Vollmacht gehandelt und schließlich sein Leben verschenkt hat, um seine geliebten Brüder und Schwestern zu retten.

Vater,
danke, dass ich Deine Tochter bin,
eine Himmelstochter.

Du schenkst mir Würde,
wie niemand sonst sie geben kann.

Du schenkst mir Sicherheit
und ein friedvolles Herz
mitten in den Stürmen des Alltags.

Du schenkst mir Weitblick.
Durch Dich
kann ich meine Welt so sehen,
wie Du sie siehst.

Du hebst mich heraus,
aus dem ständigen Kampf um meine Rechte,
um Anerkennung und einen guten Platz
in der Gesellschaft.

Du gibst mir etwas,
was meine Welt mir niemals geben kann:
unschätzbaren Wert, tiefe unbändige Freude,
das Glück, mein Leben sinnvoll zu leben –
an Deiner Seite, in Deinem Haus.

„Ihr seid Kinder des Herrn, eures Gottes.“ (5. Mo 14,1)

„Was ist der Mensch, dass du seiner gedenkst, und des Menschen Kind, dass du dich seiner annimmst? Du hast ihn wenig niedriger gemacht als Gott, mit Ehre und Herrlichkeit hast du ihn gekrönt.“ (Ps 8,5f)

„Welche der Geist Gottes treibt, die sind Gottes Kinder.“ (Röm 8,14)

„Sind wir aber Kinder, so sind wir auch Erben, nämlich Gottes Erben und Miterben Christi, wenn wir denn mit ihm leiden, damit wir auch mit zur Herrlichkeit erhoben werden.“ (Röm 8,17)

„‚Ich will euch annehmen und euer Vater sein, und ihr sollt meine Söhne und Töchter sein‘ spricht der allmächtige Herr.“ (nach 2. Kor 6,17f)

„Lebt als Kinder des Lichts; die Frucht des Lichts ist lauter Güte und Gerechtigkeit und Wahrheit.“ (Eph 5,8f)

„Sei getreu bis an den Tod, so will ich dir die Krone des Lebens geben.“ (Offb 2,10)

Die, die sich verschenkt

Elisabeth schläft wenig, weil sie nachts oft noch lange aufbleibt und betet. Sie arbeitet hart, sicher meist zu hart. Sie isst nicht besonders viel und auch nicht ausgewogen genug. Sie achtet nicht auf ihre eigene Gesundheit. Deshalb ist ihr junger Körper schon nach drei Jahren der Hospizarbeit in Marburg vollkommen erschöpft. Eines Tages, im Spätherbst 1231, redet Elisabeth davon, dass sie bald sterben wird. Es wird erzählt, dass Elisabeth eine Begegnung mit Jesus hatte, der zu ihr sagt: „Komm nun, liebe, auserwählte Freundin, zu denen, die dir gleich sind, in jene Wohnung, die dir von Ewigkeit her bereitet ist.“ Einige Tage später wird Elisabeth krank. Zwei Wochen dauert ihre Krankheit, und ihren Freunden und Mitarbeitern wird während dieser Zeit langsam klar, dass Elisabeth tatsächlich im Sterben liegt. In ihren letzten Tagen und Stunden kommen viele Leute an ihr Krankenbett, um Elisabeth noch einmal zu sehen. Adelige und einfache Leute, Menschen aus jeder sozialen Schicht. Die meisten Adeligen jedoch, einschließlich ihrer Verwandtschaft, verstehen Elisabeth bis zuletzt nicht. Sie beschimpfen und verachten Elisabeth für das, was sie gelebt hat – das gibt eine ihrer Freundinnen später zu Protokoll. Neun Tage nach ihrer Erkrankung schickt Elisabeth die meisten, die sich um ihr Krankenbett versammelt haben, fort. Nur einige Mönche und Nonnen sowie ihr Beichtvater Konrad bleiben bei ihr. Ein kleiner Junge, den Elisabeth liebevoll von der Krätze (einer Parasitenerkrankung) gesundgepflegt hat, hält die ganze Zeit über an ihrem Bett Wache.

Einige Tage vor ihrem Tod macht eine von Elisabeths Mitarbeiterinnen, ebenfalls mit dem Namen Elisabeth, eine erstaunliche Beobachtung: Die sterbende Elisabeth liegt mit dem Gesicht zur Wand gekehrt auf ihrem Bett. Plötzlich hört die Mitarbeiterin eine wunderschöne sanfte singende Stimme, die aus Elisabeths Mund zu kommen scheint. Einige Zeit später dreht sich die Kranke um. Die Mitarbeiterin spricht sie an und sagt zu ihr: „O meine Herrin, wie lieblich hast du gesungen". Elisabeth antwortet: „Ich sage dir: zwischen mir und der Wand hat ein Vöglein mir überaus fröhlich zugesungen. Sein lieblicher Gesang zwang mich auch zu singen."

Elisabeth bittet ihren Beichtvater Konrad von Marburg, alles, was sie noch besitzt, an die Armen zu verschenken. Nur ihren abgetragenen Mantel will sie behalten und verfügt, dass sie darin beerdigt werden möchte.

Am frühen Morgen des 17. November 1231 stirbt Elisabeth im Alter von nur 24 Jahren. Die Nachricht von ihrem Tod verbreitet sich in Windeseile. Viele Menschen kommen zum Hospital, wo Elisabeth aufgebahrt liegt, um sie noch ein letztes Mal zu sehen. Darunter sind Ordensleute, Geistliche, Laien, arme und reiche Menschen.

Elisabeth liegt in der Franziskuskapelle ihres Hospitals. Sie ist mit ihrem grauen Gewand bekleidet, ihr Gesicht ist mit Tüchern umwunden. Viele Menschen versuchen, etwas von Elisabeth „mitzunehmen". Sie trennen kleine Stofffetzen aus Elisabeths Kleidern und den Tüchern heraus, schneiden kleine Haarbüschel und Nägel, ja sogar Stücke von ihren Ohren ab. Die Kranken und Armen sind untröstlich in ihrer Trauer. Für sie ist es so, als ob sie eine Mutter verloren hätten. Und tatsächlich, durch den Tod Elisabeths sind sie wieder ein großes Stück ärmer und verlassener geworden. Elisabeth, die ihr Leben für sie verschenkt hat, ist von ihnen gegangen. Nie wieder wird sich zu ihren Lebzeiten jemand so um sie kümmern und so viel Liebe und Erbarmen für sie aufbringen wie ihre Elisabeth.

Am 19. November wird Elisabeth in der Franziskuskapelle bestattet. Während der Begräbnisfeier hört die Äbtissin von Wetter plötzlich lautes Vogelgezwitscher. Sie geht aus der Kirche und sieht, dass sich auf dem Dach der Kirche eine große Anzahl von Vögeln versammelt hat und wie zur Begleitung der Feier aus vielen Kehlen kunstvoll zwitschert.

Elisabeth hat ihr Leben im Dienst an ihren Mitmenschen verschenkt. Sie war barmherzig mit anderen, aber, so scheint es, unbarmherzig gegen sich selbst. Andere hat sie gesundgepflegt, aber die Warnsignale ihres eigenen Körpers hat sie nicht beachtet. Sie hat alles gegeben, um Gott zu gefallen. Sie hat danach gestrebt, ein heiliges und vollkommenes Leben zu führen.

Aus unserer heutigen Perspektive heraus werden wir vielleicht sagen: Sie hat es übertrieben. Sie war zu hart gegen sich in ihrem Streben danach, Gott zu gefallen. Und mitunter war sie auch zu hart anderen gegenüber, weil sie sie zu einem heiligen Leben anleiten wollte. Elisabeth ist in ihrer Dienst- und Leidensbereitschaft für unseren Geschmack heute zu exzessiv gewesen. Und wahrscheinlich haben wir nicht ganz Unrecht damit. Ich glaube nicht, dass es Gott gefällt, wenn wir unseren eigenen Körper im Dienst am anderen vollkommen zugrunde richten. Denn Gott liebt jeden Menschen und ehrt jedes menschliche Leben gleich. Ich glaube auch nicht, dass wir uns quälen müssen, um größere Heiligkeit zu erlangen oder Gott Freude zu machen. Es macht Gott keine Freude, wenn wir uns quälen. Und: wir können durch unsere Leistungen keine Pluspunkte bei Gott sammeln. Gott hat uns durch das Opfer seines Sohnes Jesus ein für alle Mal von allem Leistungsdruck befreit. Aus eigener Anstrengung heraus können wir niemals ein vollkommenes Leben führen. Wir dürfen bei Gott zur Ruhe kommen und auf seine Gnade vertrauen. Er hat alles für uns getan. Wir können ihm kein anderes Opfer bringen als unser Herz.

Vielleicht hat Elisabeth, ein Kind ihrer Zeit und verwundet durch ihre einsame Kindheit, die tiefe Gnade und Liebe Gottes für sie nicht vollkommen erfasst. Vielleicht ist sie deshalb so hart mit sich und manchmal auch mit anderen gewesen.

Elisabeth war ein Mensch mit Wunden, Defiziten und Charakterschwächen. So wie wir.

Und Elisabeth war auch ein Mensch mit heilenden Händen und Worten, mit großen Begabungen und Charakterstärken. Ein Mensch, an dem wir uns ein Beispiel nehmen können.

Gott arbeitet mit schwachen, zerbrochenen Menschen. In den Schwächsten und Zerbrochensten kann er am stärksten wirken, denn sie wissen, dass sie Gott verzweifelt brauchen. Ich glaube, Elisabeth war so ein Mensch. Aus ihren tiefsten Wunden hat Gott für viele Menschen die größte Heilung bewirkt:

Elisabeth hat als Kind große Einsamkeit erlebt. Vater und Mutter haben sie fortgegeben.

Aber sie ist ein Mensch geworden, der anderen ein Zuhause gibt – in Eisenach, an der Wartburg, und zuletzt in Marburg.

Elisabeth ist als Kind und junge Erwachsene am Landgrafenhof beschämt und verachtet worden. Wie eine Aussätzige wurde sie behandelt. Sie war anders. Sie war fremd.

Aber sie ist ein Mensch geworden, der andere ehrt und achtet, die in der Gesellschaft als Aussätzige, als Fremdkörper und als wertlos behandelt werden.

Elisabeth hat schon als Teenager ihren Mann verloren und große Traurigkeit durchlebt.

Aber sie ist ein Mensch geworden, der die Tränen anderer abwischt und sie zum Lachen und Singen bringt.

Ein so großes Wunder kann nur Gott im Leben eines Menschen vollbringen. Das ist es auch, was die Leute Elisabeth abgespürt haben: die heilsame Gegenwart Gottes und ein großes Maß an göttlicher Autorität in Elisabeths Leben. In Elisabeth ist Gott selbst, der Gott, der Veränderung, Heilung und neues Leben schafft, den Menschen nahegekommen und hat ihnen gedient.

Durch Elisabeths Augen hat er sie angeschaut.

Durch Elisabeths Hände hat er sie gesundgepflegt.

Durch Elisabeths Worte hat er ihren Seelen gut getan.

In all ihrer Gebrochenheit war Elisabeth ein Mensch, in dessen Leben Gott am Werk war. Sie hat Gott ihr Leben zur Verfügung gestellt. Das ist etwas Wunderbares. Daran können wir uns ein Beispiel nehmen.

Ich glaube, mitunter leben wir heute das genaue Gegenteil von dem, was Elisabeth gelebt hat. Statt exzessiver Leidensbereitschaft haben wir Christen uns in unsere verschiedenen „comfort zones" zurückgezogen. Wir erwarten von Gott, dass er uns Sicherheit, Glück und Gesundheit beschert. Nicht wir dienen Gott, sondern Gott muss unseren Interessen dienen.

Statt exzessiver Dienstbereitschaft leben wir häufig ein gemächliches, unaufregendes Leben, das sich im Einsatz für Gott nicht gerade überschlägt.

Von Elisabeth können wir uns neu inspirieren lassen, als von Gott Beschenkte selbst ein Leben zu führen, das andere beschenkt.

Wir brauchen keine Angst zu haben, dass wir uns verlieren, wenn wir anfangen, ein großzügiges Leben zu leben, das offen ist für die Nöte anderer.

Jesus hat sein Leben verschenkt, um uns zu heilen. Er möchte, dass auch wir unser Leben nicht ängstlich hüten und abgrenzen, sondern dass wir uns weit machen. Er ruft uns, dass wir in unserem Leben Raum schaffen für andere und reichlich von dem abgeben, was wir haben.

Er hat uns alles gegeben, was wir sind und haben, damit wir es einsetzen, um sein Königreich auf dieser Welt zu bauen.

Herr Jesus,
Du hast mich reich beschenkt.

Bist geboren –
für mich.

Hast gelebt –
für mich.

Hast gelitten –
für mich.

Hast Dein Leben ausgehaucht –
für mich.

Hast die Fesseln des Todes gesprengt –
für mich.

Hast den Stein vom Grab gerollt –
für mich.

Bist zum Vater gegangen –
für mich.

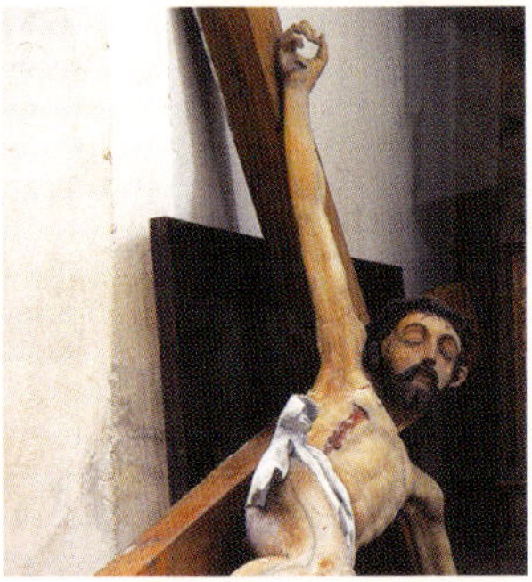

Hast den Geist gesandt –
für mich.

Wie kann ich Dir jemals zeigen
was das alles mir bedeutet?

Hilf mir,
mich selbst loszulassen,
in Deine Hand.

Hilf mir,
mein Leben zu verschenken,
aus der Fülle,
die Du gibst.

„Wer sein Leben erhalten will, der wird's verlieren; wer aber sein Leben verliert um meinetwillen, der wird's finden. Was hülfe es dem Menschen, wenn er die ganze Welt gewönne und nähme doch Schaden an seiner Seele? Oder was kann der Mensch geben, womit er seine Seele auslöse?“ (Mt 16,25f)

„Der auch seinen eigenen Sohn nicht verschont hat, sondern hat ihn für uns alle dahingegeben – wie sollte er uns mit ihm nicht alles schenken?“ (Röm 8,32)

„Gutes zu tun und mit andern zu teilen, vergesst nicht; denn solche Opfer gefallen Gott.“ (Hebr 13,16)

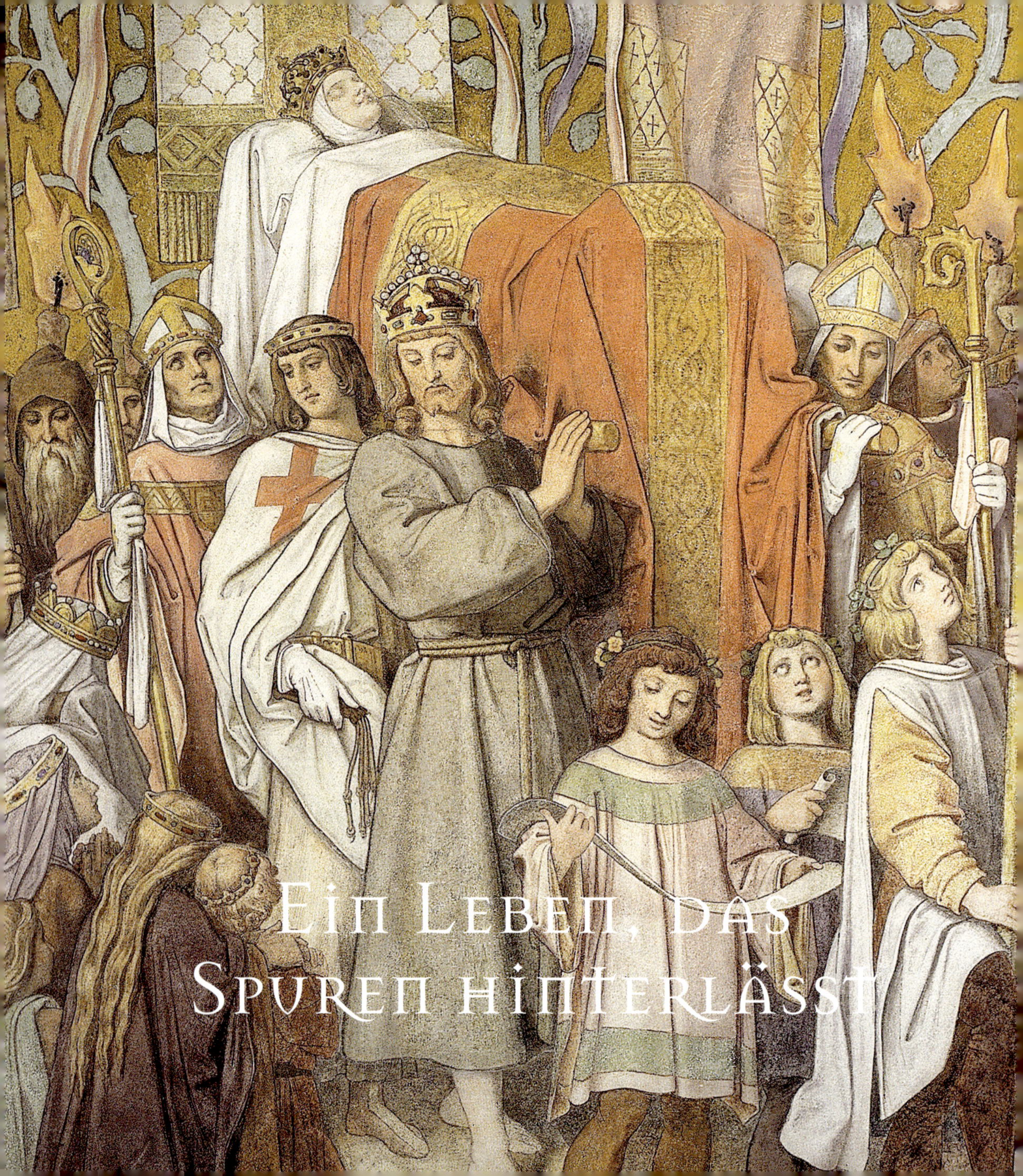
Ein Leben, das
Spuren hinterlässt

Elisabeth wird schmerzlich vermisst. Nach ihrer Beerdigung kommen viele Menschen an ihr Grab. Menschen, die Elisabeth zu Lebzeiten kannten, und Menschen, die sie noch nie gesehen haben. Ein paar Tage nach ihrem Tod berichten Besucher an ihrem Grab von wunderbaren Heilungen. Noch mehr Menschen kommen, angelockt durch die Berichte, von nah und fern.

Konrad von Marburg, Elisabeths geistlicher Begleiter, beginnt damit, ihre Geschichte aufzuschreiben. Dafür befragt er Elisabeths Kindheitsfreundin Guda und andere Dienerinnen, die mit ihr im Hospital zusammengearbeitet haben. Die gesammelten Berichte schickt er an den Papst nach Rom, um eine Heiligsprechung Elisabeths zu erwirken.

Er lässt Elisabeths bescheidenes Hospital aus Holz und Lehm abreißen und in der Nähe ein neues Hospital, einen länglichen Steinbau, errichten. Konrad stirbt aber bereits zwei Jahre nach Elisabeth, im Jahr 1233. Elisabeths Schwager, ebenfalls mit dem Namen Konrad, bemüht sich von nun an weiter um die Heiligsprechung durch Papst Gregor IX.

Die Sorge um das Marburger Hospital und Elisabeths Hospitalgemeinschaft überträgt Konrad im Jahr 1234 dem Deutschen Orden.

Die Deutschritter vergrößern das Hospital zwanzig Jahre später und führen die Ordnung des Johanniterordens ein, der schon im Jahr 1187 ein großes Hospital in Jerusalem errichtet hatte.

Von dem durch den Deutschritterorden vergrößerten Hospital Elisabeths sind noch einige steinerne Überreste am Pilgrimstein in der Nähe der Elisabethkirche zu sehen.

Am 27. Mai, dem Pfingstfest des Jahres 1235, wird Elisabeth in Perugia in Italien heiliggesprochen.

Als offizieller Festtag der heiligen Elisabeth wird der Tag ihrer Beerdigung, der 19. November, bestimmt.

Noch im selben Jahr, am 14. August, wird der Grundstein zum Bau der Marburger Elisabethkirche durch den Deutschen Orden gelegt.
Knapp 50 Jahre wird der Bau der Kirche im gotischen Stil dauern.

Am 1. Mai des Jahres 1236 werden Elisabeths Gebeine in der Gegenwart von Kaiser Friedrich II. von Hohenstaufen aus dem Grab in einen Sarg umgebettet, der mit Bischofssiegeln versehen wird.

Eine große Anzahl von Pilgern, Berichte sprechen von einer Million Menschen, ist zu diesem Anlass in die Stadt gekommen. Eine größere Menschenmenge hat man in Marburg bisher niemals zu Gesicht bekommen.

Auch Elisabeths Verwandte von der Wartburg sind anwesend. Erst jetzt, einige Jahre nach ihrem Tod, würdigt ihre Familie das Lebenswerk Elisabeths, zumindest äußerlich.

Aber ob ihre Verwandten wirklich verstanden haben, was Elisabeth zu diesem ungewöhnlichen Leben bewegt hat?

Ob sie geahnt haben, wie sehr Elisabeth sich zu ihren Lebzeiten darum bemüht hat, Gott zu gefallen und ihm Freude zu machen?

Es scheint jedoch so, als sei Elisabeths Familie im Nachhinein tatsächlich durch ihr Vorbild angesteckt worden. Elisabeth hat schließlich auch die harten Herzen ihrer Verwandten erreicht und sie inspiriert, ein Leben zu führen, das sich nicht nur an Macht und Reichtum orientiert. Ihr Schwager Heinrich Raspe, der sie vor vielen Jahren von der Wartburg vergrault hatte, tritt 1239 mit seiner Frau dem Dritten Orden der Franziskaner bei. Elisabeths anderer Schwager Konrad war bereits 1234 dem Deutschen Orden beigetreten. 1239 übernimmt er sogar die Leitung des Ordens.

1250 werden Elisabeths Überreste in einen goldenen Schrein umgebettet, der noch heute in der Elisabethkirche zu sehen ist. Auf ihm sind Jesus und seine Jünger sowie Elisabeth und Maria dargestellt.

Am 1. Mai 1283 ist der Bau der Elisabethkirche abgeschlossen und sie wird geweiht. Sie wurde als gotische Hallenkirche über dem Grab Elisabeths und der Franziskuskapelle ihres Hospitals errichtet. Die Grabkirche der Elisabeth hat, als früheste rein gotische Kirche Deutschlands, bis heute große Bedeutung.

Mit der Zeit wird das Grab von Elisabeth einer der wichtigsten Wallfahrtsorte des Mittelalters. Menschen aus ganz Europa pilgern zu ihrem Grab, weil sie sich Antwort auf ihre Gebete, Heilung ihrer Seele und ihres Körpers erhoffen. Für die Menschen, die eine Pilgerreise nach Marburg machen, hat Elisabeth die Stellung einer Vermittlerin zwischen ihnen und Gott selbst bekommen.

Sie haben tiefe Sehnsucht nach einem Gott, der sichtbar und spürbar in ihr Leben hineinkommt. An Elisabeth bewundern sie, dass sie Gott so nahe gestanden hat. Elisabeth hat Gottes Wirken in ihrem eigenen Leben erlebt. Sie hat in der Kraft Gottes anderen gedient und täglich die kleinen und großen Wunder Gottes gesehen.

Das möchten auch die vielen Pilger erleben, die nach Marburg an das Grab Elisabeths kommen. Mitunter konzentriert sich diese Sehnsucht allzu sehr auf Elisabeth, die sich selbst zu ihren Lebzeiten aber immer auf Gott verlassen und von ihm abhängig gemacht hat. Mitunter vergessen die Pilger, dass es Gott ist, den sie als Erstes lieben und verehren sollen, nicht sterbliche Menschen wie Elisabeth.

Elisabeth hätte sicherlich gewollt, dass nicht ihr, sondern Gott alle Ehre zukommt. Und hätte sie nicht die Menschen ermutigt, von Gott selbst alle Hilfe zu erwarten? In Jesus Christus hat Elisabeth ihren Zugang zu Gott gefunden. In Jesus Christus können auch wir jederzeit zu Gott kommen mit allem, was uns bewegt.

Landgraf Philipp der Großmütige von Hessen, selbst ein Nachkomme von Elisabeth, macht der Verehrung von Elisabeths Gebeinen ein Ende. 1539 lässt er die Gebeine Elisabeths aus dem goldenen Schrein entfernen und an einem unbekannten Ort beisetzen.

Auch wenn der goldene Schrein nun leer ist: Die Erinnerung an Elisabeths Leben, ihren Dienst und ihr Sterben bleibt durch die Jahrhunderte im Gedächtnis der Menschen verankert. Sie brauchen keine sichtbaren oder greifbaren Überreste, um von Menschen wie Elisabeth inspiriert zu werden – Menschen, die ihr Leben Gott ganz zur Verfügung stellen.

Und ... was ist aus den Kindern von Elisabeth geworden?
Ihr einziger Sohn Hermann stirbt 1241 im Alter von nur 19 Jahren. Ihre älteste Tochter Sophie heiratet 1247 im Alter von 24 Jahren den Herzog von Brabant. Ihr Sohn Heinrich, der Enkel von Elisabeth, wird erster Landgraf von Hessen und begründet das hessische Fürstenhaus. Sophie stirbt im Alter von 60 Jahren. Elisabeths jüngste Tochter Gertrud wächst im Prämonstratenserinnen-Kloster Altenberg bei Wetzlar auf und wird dort Äbtissin. Sie stirbt im (für die damalige Zeit) hohen Alter von 70 Jahren.

Elisabeth hat nicht nur Eisenach und die Wartburg, sondern auch das bis dahin recht unbedeutende Marburg bei den Menschen des Mittelalters bekannt gemacht. Ihr Vorbild und ihr Ruhm trugen dazu bei, dass die Stadt durch die Massen von Pilgern wirtschaftlich aufblühen konnte.

Die Erinnerung an Elisabeth lebte an vielen Orten in der Namensgebung weiter, so wurde z.B. die alte römische Militärstraße im Rhein-Main-Gebiet „Elisabethenstraße“ genannt.

In Marburg, der Stadt, wo Elisabeth ihre letzten Lebensjahre verbrachte, erinnern z.B. die Elisabethkirche und die Elisabethstraße an Marburgs berühmte Bürgerin. Die Namen und die Arbeit vieler karitativer Einrichtungen sind durch Elisabeths praktischen Dienst am Nächsten inspiriert worden, so z.B. der St. Elisabethverein (Jugend- und Altenhilfe).

Zwischen Marburg und dem Kloster Altenberg bei Wetzlar gibt es den „Elisabethpfad". Seit einiger Zeit hat sich auch ein Verein mit demselben Namen das Ziel gesetzt, die christliche Tradition der Pilgerwege neu zu beleben.

Jedes Jahr am 19. November wird in der Elisabethkirche in Marburg ein ökumenischer Gottesdienst gefeiert.

Ein Leben wie das von Elisabeth wird nicht spurlos vom Wind der Zeit verweht. Es hinterlässt deutliche Spuren. Spuren, denen wir ein Stück weit folgen können, bis wir unseren eigenen Weg mit Gott gefunden haben. Und den Ort, an den Gott uns stellt. Den Platz, den nur wir ausfüllen können.

Es ist wunderbar, dass Gott uns nicht ohne Vorbilder gelassen hat, denen wir nacheifern können. Vorbilder im Glauben zeigen uns, wie ein Leben in der Nähe und aus der Kraft Gottes aussehen kann. Vorbilder ermutigen uns. Wir sehen an ihnen, dass wir in unserer Suche nach Gott und einem erfüllten Leben nicht alleine sind. Vorbilder wecken in uns die Sehnsucht danach, unser Leben nicht nur einfach so dahinzuleben, sondern es in den Dienst Gottes zu stellen. Vorbilder motivieren uns, weil wir an ihnen sehen, wie Gott sich im Leben von ganz normalen Menschen verherrlichen kann. Natürlich können wir das Leben unserer geistlichen Vorbilder nicht einfach kopieren. Wir müssen in uns hineinhorchen und schauen, welche Träume und Wünsche wir haben. Wir müssen unser Leben ansehen und die Gaben entdecken, die – manchmal vielleicht noch verschüttet oder nicht voll entfaltet – in uns angelegt sind. Und wir müssen Gott fragen, wie er sich unser Leben gedacht hat. Als unser Schöpfer kennt er uns besser, als wir uns selbst kennen, und weiß, wo und wie wir unser Leben am segensreichsten leben können.

Menschen wie Elisabeth sind in ihrer Hingabe an Gott und der Radikalität ihres Dienstes eine ständige Herausforderung und Anfrage an uns.

Wollen wir ein Leben leben, das vor allem bequem und gemütlich ist und uns möglichst wenig abverlangt? Oder wollen wir ein Leben leben, das Spuren hinterlässt – weil andere durch uns mit der heilenden Gegenwart Gottes in Berührung gekommen sind; weil wir die Liebe Gottes mit unseren Worten und Taten vorgelebt haben; weil andere durch uns den Weg zum Vater im Himmel gefunden haben?

Ein Leben, das Spuren hinterlässt, ist nicht billig. Es kostet uns etwas. Elisabeth hat ihr ganzes Leben verschenkt, sodass sie schon als junger Mensch am Ende ihrer Kräfte war.

Wir müssen nicht so wie Elisabeth leben. Gott sieht jeden von uns als Individuum, als einzigartigen Menschen mit bestimmten Gaben, Fähigkeiten und auch Grenzen. Er möchte, dass wir glücklich sind. Und er möchte, dass wir helfen, andere glücklich zu machen. Wir müssen uns darüber im Klaren sein, dass wir als Christen in die Nachfolge von Jesus gerufen sind. Jesus hat uns nie ein einfaches und bequemes Leben versprochen. Er hat selbst kein einfaches und bequemes Leben geführt. Aber, so hat er es auch versprochen, das Leben in seinen Fußstapfen wird ein erfülltes Leben sein. Nirgendwo anders als an seiner Seite und auf seinen Spuren können wir ein erfüllteres Leben haben.

Elisabeth, in all ihren Stärken und Schwächen, ist uns auf diesem Weg vorausgegangen – ebenso wie viele andere Glaubensvorbilder vor und nach ihrer Zeit. Ihre Hingabe spornt uns an.

Ihre Liebe zu Gott macht uns hungrig danach, eng mit Gott verbunden zu sein. Ihr Verantwortungsbewusstsein rüttelt uns auf, für unsere Welt Verantwortung zu übernehmen.

Ihr Erbarmen beschämt uns und ermahnt uns, selbst barmherziger zu sein und keine Unterschiede zwischen Menschen zu machen.

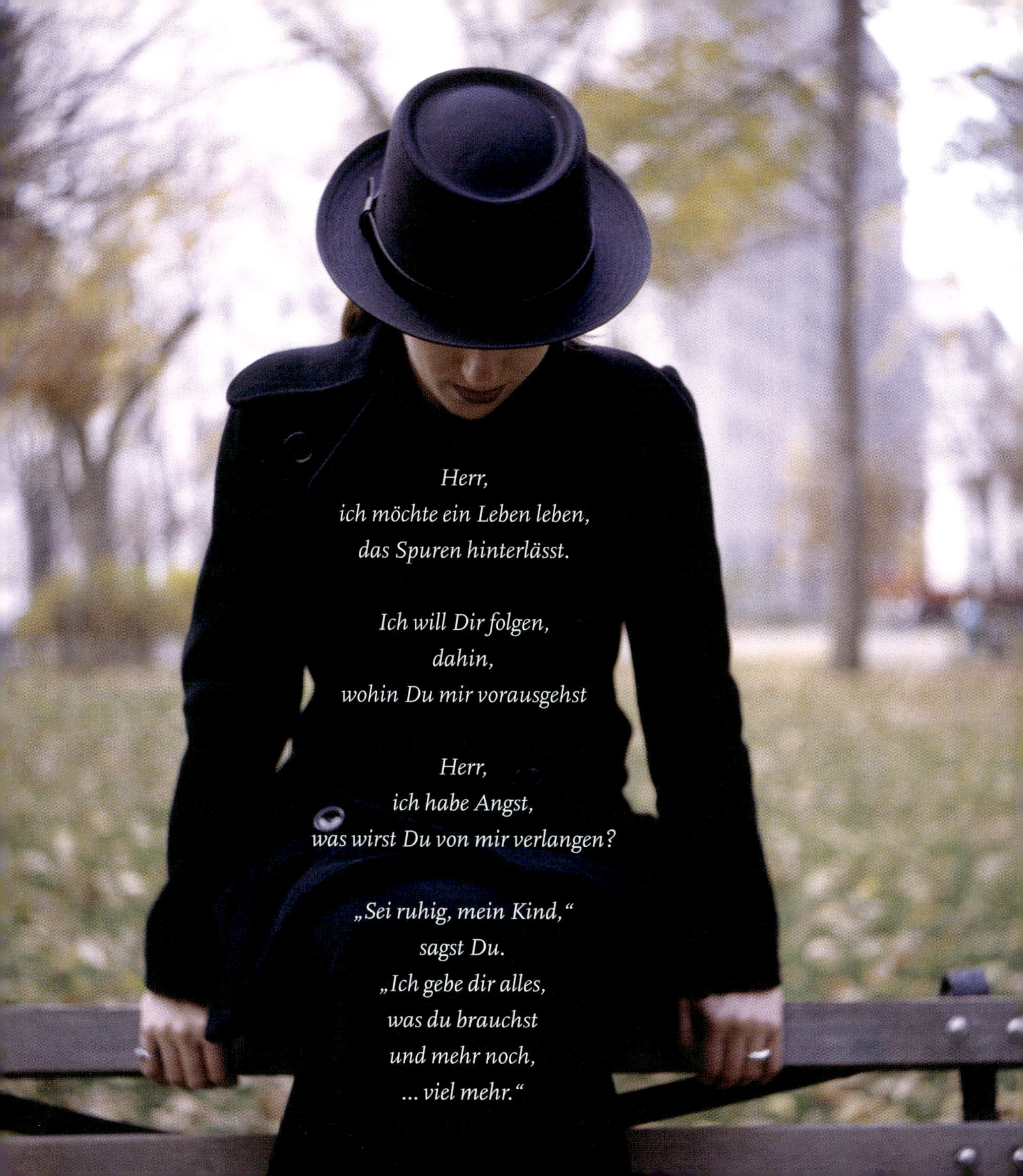

Herr,
ich möchte ein Leben leben,
das Spuren hinterlässt.

Ich will Dir folgen,
dahin,
wohin Du mir vorausgehst

Herr,
ich habe Angst,
was wirst Du von mir verlangen?

„Sei ruhig, mein Kind,"
sagst Du.
„Ich gebe dir alles,
was du brauchst
und mehr noch,
... viel mehr."

„Er gebe euch erleuchtete Augen des Herzens, damit ihr erkennt, zu welcher Hoffnung ihr von ihm berufen seid, wie reich die Herrlichkeit seines Erbes für die Heiligen ist und wie überschwänglich gross seine Kraft an uns, die wir glauben, weil die Macht seiner Stärke bei uns wirksam wurde, mit der er in Christus gewirkt hat.“ (Eph 1,18-20)

„Du tust mir kund den Weg zum Leben: Vor dir ist Freude die Fülle und Wonne zu deiner Rechten ewiglich.“ (Ps 16,11)

„Will mir jemand nachfolgen, der verleugne sich selbst und nehme sein Kreuz auf sich und folge mir.“ (Mt 16,24)

Elisabeth, meine Schwester

Elisabeth spricht zu uns durch die Jahrhunderte hinweg. Uns, den Frauen und Männern des 21. Jahrhunderts, hat sie immer noch viel zu sagen. Und das nach all der Zeit, die seit ihrem Leben und Sterben vergangen ist. Nur wenige Menschen schaffen es, so im Gedächtnis zu bleiben und bis in unsere Gegenwart hineinzuwirken.

In Elisabeth sehe ich eine Schwester im Herrn.
Manches verbindet mich mit ihr, anderes trennt mich und bleibt mir unverständlich.
Auf jeden Fall aber ist sie eine erstaunliche, begabte, hingebungsvolle und wunderbare Frau gewesen, die Gnade in Gottes Augen gefunden hat.

Ihr Lebensprogramm, ihre tiefste Überzeugung steckt schon in ihrem Taufnamen: Elisabeth, im Hebräischen „Elischeba", bedeutet „Mein Gott ist Fülle, Vollkommenheit". Elisabeth hat versucht, etwas von Gottes Fülle zu den Menschen zu bringen, die die Gesellschaft oder einfach das Leben benachteiligt hat. Mögen wir auch solche Menschen sein und werden, das ist mein Wunsch für mich selbst und alle, die dieses Buch gelesen haben.

Meine Achtung und Bewunderung und auch manche meiner gemischten Gefühle Elisabeth gegenüber habe ich in den folgenden zwei Texten zum Ausdruck gebracht, mit denen dieses Buch schließen soll:

Elisabeth, bei Gott geborgen

Hast dich verausgabt,
deinen Körper nicht geschont,
ihm das Letzte abverlangt,
bis er nicht mehr kann
und das Leben langsam flieht.

Wirst nur 24 Jahre alt,
und hast doch ein Leben gelebt,
das voller und reicher war,
als das von vielen.

Hast du so hart sein müssen,
gegen dich?
War es Gott,
der so viel von dir verlangte?
Ich weiß nicht.
Gott weiß es.

Doch weiß ich eines:
Selbst in dem,
wo auch du
nur ein Mensch warst,
mit Wunden, Defiziten,
Schwächen, Obsessionen vielleicht
und zu viel Härte gegen dich selbst …

... in all dem bleibt:
Christus, dein Vorbild,
Christus, dein Geliebter,
an ihm hast du gehangen,
im Leben und im Sterben.

Er ist auch für dich gestorben,
und hat alle deine Lasten auf sich genommen.
Er ist auch für dich auferstanden,
und hat deine Sorgen und Mühen
in das Licht des Ostermorgens getaucht.

Er kennt dein Herz.
Er weiß, was du wolltest,
mit Leib und Seele:
Ihm folgen,
ihn lieben,
und seine Liebe und Erbarmen
in die Welt tragen.

Das ist alles, was zählt.

Vielleicht steht deine Wiege
aus den Kindertagen,
deine Wiege
die dich einst ins fremde Land begleitet hat –
nun im Himmel.

Endlich bist du zu Hause
und Gott wiegt dich sanft
in seinen Armen,
damit du Ruhe und Geborgenheit findest.

Elisabeth, Wegweiserin

Das bewundere ich,
meine Schwester,
an dir:
Dass du Gott
so leidenschaftlich liebtest.
Dass du
neue Wege gingst.
Dass du
Grenzen überschrittst
und Konventionen brachst.
Dass du
dich selbst verschenktest.

All das aus Liebe zu Gott
und den Menschen.
Nicht um deiner Ehre willen,
sondern um ein Stück
von Gottes Herrlichkeit
in dieser Welt
sichtbar zu machen.

Elisabeth, meine Schwester,
von dir möchte ich lernen,
engagiert und zielstrebig
den Weg zu gehen,
den Gott mir zeigt
und meine Welt zu segnen,
wie du es tatst.

Noch heute,
800 Jahre später,
nennen die Menschen deinen Namen
mit Befremden und Bewunderung.

Und auch bei Gott
bist du nicht vergessen.

…i est quod quisque ante mortem facit
…uod quisque ante mortem facit
Bonum est quod quisque ante mortem facit

Hands of Love
Songs zum
800. Geburtstag der Heiligen Elisabeth

ERSCHIENEN:

„Steffi Baltes nimmt uns mit hinein in eine Welt, die vergangen und doch lebendig ist. Sie eröffnet uns Blicke in die Lebensgeschichte von Männern und Frauen, die Geschichte machten. Sie zeigt uns neu die christlichen Wurzeln unserer europäischen Kultur.“ – **Roland Werner**

Die Welt als Gottes Heiligtum

Die Menschen auf der grünen Insel Irland hatten von jeher eine besondere Beziehung zur Natur. Das war schon so, bevor das Christentum nach Irland kam: Die irischen Kelten verehrten z.B. Quellen, Wasser, Steine und Bäume. Für sie war die Natur belebt, nicht tote Materie. Allerdings glaubten sie, dass die Natur von vielen Gottheiten bewohnt sei. Der Missionsbischof Patrick versuchte, den irischen Kelten den Glauben an den einen Gott nahe zu bringen. Aber er bewahrte sich eine besondere Wertschätzung der Natur – nicht als Heimat unzähliger Götter, sondern als das eine große Heiligtum Gottes.

Die Natur ist schön, wertvoll und geheimnisvoll, weil sie die Schöpfung Gottes ist. Auch die Bibel kennt übrigens die Vorstellung, dass die Natur belebt ist. In vielen Psalmen ist beschrieben, wie die Natur ihren Schöpfer lobt: „Der Himmel freue sich, und die Erde sei fröhlich, das Meer brause und was darinnen ist; das Feld sei fröhlich und alles, was darauf ist; es sollen jauchzen alle Bäume im Walde vor dem Herrn; denn er kommt, denn er kommt, zu richten das Erdreich.“ (Psalm 96,11-13)

Als Kinder Gottes dürfen wir der Natur nahe sein, denn Gott hat sie gemacht, um uns zu erfreuen. Und wir haben von Gott selbst den Auftrag bekommen, die Natur zu achten und zu bewahren.

21

Auch so ist Gottes Geist –
aufrüttelnd und ganz anders
als unsere Erwartungen –
wie damals an Pfingsten, in Jerusalem,
als der Heilige Geist so unerwartet und fremd,
so gewaltig und stürmisch
die Freunde von Jesus erfüllte
und viele sich wunderten und erschraken.
Doch die Freunde
hörten den herausfordernden Ruf
des Heiligen Geistes,
der ihnen wie ein innerer Kompass
Vision und Richtung für ihr Leben gab,
der sie frei machte und ihnen half,
unerschrocken in alle Welt zu ziehen
und Zeugen zu sein

„in ganz Judäa und Samarien und bis an das Ende der Erde“
(Apostelgeschichte 1,8).

*„Der Herr ist der Geist; wo aber
der Geist des Herrn ist, da ist Freiheit.“*
(2. Korinther 3,17)

60

Das Kreuz
spricht vom Erbarmen Gottes,
von seiner nie endenden Liebe zu mir,
von seiner unerschöpflichen Geduld,
von seiner Königsherrschaft und tiefen Demut,
von seiner Herrlichkeit und Opferbereitschaft.

Das Kreuz
spricht vom Leiden eines jeden,
der in die Fußstapfen von Jesus tritt,
vom Leiden meiner Brüder und Schwestern
um mich herum
und in vielen Ländern der Erde,
und es spricht auch
von meinem eigenen Leiden.

Das Kreuz
spricht von einer neuen Chance,
einer Tür in ein neues Leben,
hier und jetzt,
einer Hoffnung für meine Zukunft,
die unermesslich groß ist,
der Möglichkeit, sich zu verändern
und auf Gott hin zu wachsen –
kreuzförmig.

Faszination Afrika

Steffi Baltes:

Afrika ist ein Geschenk

In der Weite und Schönheit Gottes Spuren entdecken

ISBN 978-3-86122-853-0

162 Seiten, gebunden, durchgehend vierfarbig illustriert

Afrika ist ein Geschenk.
Es weckt eine unbekannte Sehnsucht in uns. Seine Weite und Wildheit haben das Leben von vielen Menschen berührt und für immer verändert. Dieses Buch erzählt uns Geschichten über die Menschen Afrikas, über seine Natur- und Tierwelt.

Afrika redet.
In jeder Pflanze, in jedem Lebewesen, in jedem Menschen erzählt es uns etwas über die Größe, die Schönheit und das Wesen Gottes.

Afrika kann uns auf die Spur dessen bringen, was unsere Bestimmung in dieser Welt sein kann …

Afrika hat das Leben von vielen Menschen berührt und für immer verändert.
Afrika weckt eine unbekannte Sehnsucht in uns.
Wenn wir seine Weite und Wildheit, seine immer noch große Ursprünglichkeit schmecken, weckt es in uns einen Hunger ...

… den Hunger danach, die Welt so zu kennen und zu verstehen, wie sie von Anfang an gemeint war;

… den Hunger danach, mit der Schöpfung vertraut und ein Teil von ihr zu sein;

… den Hunger nach einem Leben, das Freiheit und Weite kennt, das ungezähmt, grenzenlos und voller Abenteuer ist;

… den Hunger danach, mit etwas eins zu werden, das größer ist als das eigene Leben.

Die Schönheit und das Wunderbare der Natur Afrikas weckt in uns eine tiefe Ehrfurcht und Dankbarkeit.
Auch dann, wenn wir vielleicht niemanden wissen, dem gegenüber wir das zum Ausdruck bringen können …

Afrika ist ein Geschenk.
Ein faszinierender Teil unserer ganzen wundervollen Erde, der uns ruft und lockt.
Seine Natur, seine Tierwelt, seine Menschen inspirieren uns, dem Schöpfer Danke zu sagen.
Etwas von dem Charakter und Wesen Gottes spiegelt sich in ihnen wieder.

„Afrika ist ein Geschenk - Mit diesem Titel trifft Steffi Baltes ins Schwarze.
Viel zu häufig wird Afrika vornehmlich als Problem gesehen, als Kontinent, der gezeichnet ist von Armut und Hunger, Bürgerkrieg und Konflikten . . .
Doch Afrika ist mehr. Afrika ist Leben, ist Hoffnung, ist pulsierende Vitalität."

– Roland Werner

IMPRESSUM

Copyright © 1999 by Max Lucado

Printed in Slovakia

www.francke-buch.de

Wenn wir gemeinsam lernen, hinzuschauen und hinzuhorchen, kann Afrika uns vieles beibringen

- uns, die wir an Enge, Hektik, Stress und Lärm gewöhnt sind
- uns, die wir so überflutet sind mit Informationen und Reizen aller Art
- uns, die wir verlernt haben, das Wunderbare im Alltäglichen zu sehen
- uns, die wir wieder neu einüben müssen, wie ein kleines Kind zu staunen
- uns, die wir es verzweifelt nötig haben, die kleinen und großen Wunder dieser Welt mit Gottes Augen zu sehen und mit Gottes Weitblick zu deuten
- uns, die wir vergessen haben, über den Tellerrand unseres Daseins hinauszuschauen und zu entdecken, was Gott mit uns in dieser großen weiten Welt vorhat.

Das, was Afrika zu bieten hat, – das Schöne und das Traurige, das Helle und das Dunkle – kann uns zu Zeichen werden, die uns auf unsere Beziehung zu Gott, zu seiner Schöpfung und zu uns selbst hinweisen.

Das, was Afrika zu bieten hat, kann uns auf die Spur dessen bringen, was unsere Bestimmung in dieser Welt sein kann.
Wenn wir hinschauen, hinhören und versuchen zu verstehen, können uns diese Zeichen und Spuren in eine neue Dimension unserer Freundschaft mit Gott führen …

FRAUEN, DIE GESCHICHTE

ELISABETH STIEFEL:

Kleine Chronik großer Frauen

Band 1

ISBN 978-3-86122-776-2
144 Seiten, mit Fotos, gebunden

Anna Magdalena Bach – Anna Rebecca Claudius – Margarete Steiff – Selma Lagerlöf – Julia von Bodelschwingh – Helene Schweitzer-Bresslau – Elly Heuss-Knapp - Dorothea Steigerwald

Nobelpreisträgerin, Firmengründerin, First Lady oder Ehefrau und Mutter: Diese acht Frauen haben großartiges bewegt – weniger durch ihre individuellen Fähigkeiten als durch ihr Gottvertrauen.

Mit zahlreichen Impulsen und Gestaltungshilfen für Gesprächskreise in der Gemeinde, auf Freizeiten, bei Themenabenden …

Von der „Kleinen Chronik großer Frauen“ ist bereits ein zweiter Band erschienen, der mit feinem Strich faszinierende Portraits der folgenden Frauen zeichnet: Erdmuthe Dorothea Gräfin von Zinzendorf - Dorothea Christiana Erxleben - Catherine Booth - Christa von Viebahn - Corrie ten Boom - Elisabeth Cruciger - Ämilie Juliane Reichsgräfin von Schwarzburg-Rudolstadt - Luise Maria Hensel - Charlotte Rheilen

ISBN 978-3-86122-850-9
176 Seiten, mit Fotos, gebunden

SCHRIEBEN

Emmy Kraetke-Rumpf:
Die Ärztin aus Quedlinburg

ISBN 978-3-86122-006-0

208 Seiten, kartoniert

„Die Bemühung, den Verstand zu schärfen, deutlich und gründlich zu denken, kann der Ausübung der häuslichen Verrichtungen nicht nachteilig sein, ja es ist eine studierende Frau desto geschickter, die Pflichten einer guten Hauswirtin und Ehegattin zu erfüllen, je gelehrter sie ist ...“

Wer ahnt heute noch den Sprengstoff, den diese Worte für die Zeit bedeuteten, in der sie geschrieben wurden? Doch ihre Verfasserin, Dorothea Christiane Erxleben, beließ es nicht bei Worten. Alles andere als ein verbiesterter Blaustrumpf, promovierte die hübsche Quedlinburgerin im Jahr 1754 als erste Frau in Deutschland zum Doktor. Die Ärztin, Mutter und Pfarrfrau lebte ihre dreifache Berufung bis zur letzten Konsequenz ...

Lassen Sie sich berühren vom kräftigen Farbenspiel eines Lebensbildes, das Licht und Schatten, Tragik und Triumphe einer Epoche größter Umwälzungen widerspiegelt.

BILDER UND WORTE, DIE

MAX LUCADO

Von Gott geformt

Werkzeug in der Schmiede Gottes

ISBN 3-86122-697-9
ISBN 978-3-86122-697-0

176 Seiten, gebunden , durchgehend vierfarbig illustriert

In der Schmiede Gottes gibt es drei Arten von Werkzeugen: den Schrotthaufen der unbrauchbaren Werkzeuge – die Werkzeuge, die auf dem Amboss liegen und bearbeitet werden – und die zurechtgeschliffenen gebrauchsfertigen Werkzeuge. Irgendwo haben wir alle unseren Platz . . .

DAS HERZ BERÜHREN

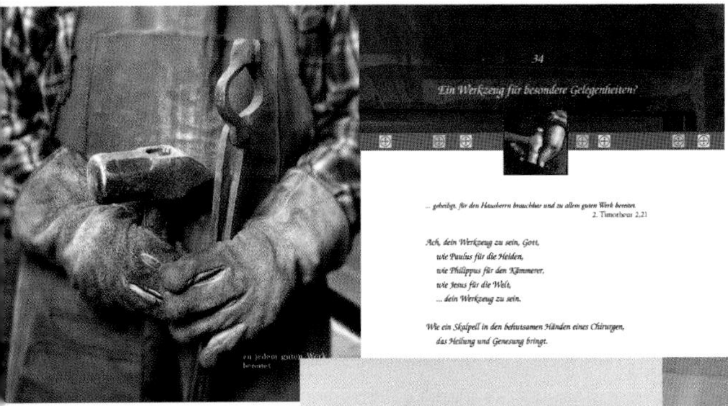

34

Ein Werkzeug für besondere Gelegenheiten?

... geheiligt, für den Hausherrn brauchbar und zu allem guten Werk bereitet
2. Timotheus 2,21

Ach, dein Werkzeug zu sein, Gott,
wie Paulus für die Heiden,
wie Philippus für den Kämmerer,
wie Jesus für die Welt,
... dein Werkzeug zu sein.

Wie ein Skalpell in den behutsamen Händen eines Chirurgen,
das Heilung und Genesung bringt.

das schwarze Schaf

Von einem, der auszog, sich einen Namen zu machen

Johns Leben erreichte seinen Höhepunkt, als er mit dreizehn Jahren zum Klassensprecher gewählt wurde. Bislang ist dieses Amt der Gipfel seiner Karriere geblieben.

Johns Leben gibt Rätsel auf. Er wuchs in einem sehr reichen Elternhaus auf und war doch als mittelloser Herumtreiber bekannt. Er war der Sohn eines erfolgreichen Ölmagnaten, brach selbst aber mehr Sachen ab, als er je zu Ende führte. Seine Eltern waren gastfreundlich und großzügig, er dagegen mürrisch, unnahbar und wortkarg.

Freunde vermuten, dass er ein Opfer seines Misserfolgs wurde. In einer Familie von Erfolgreichen schaffte er es nie, sein Leben in den Griff zu bekommen. Sein Bruder und seine Schwester brachten es im Leben weit. Er dagegen nie. Das schwarze Schaf. Der personifizierte Fehlschlag in seiner Familie. Er konnte sich nie einen Namen machen.

„Bei denen passt alles wunderbar zusammen ... nur John nicht", kommentierte ein Freund der Familie. „Irgendwie scheint er nicht so recht dazuzugehören."

Auf dem College ging es nur weiter abwärts mit ihm. Sieben Jahre lang

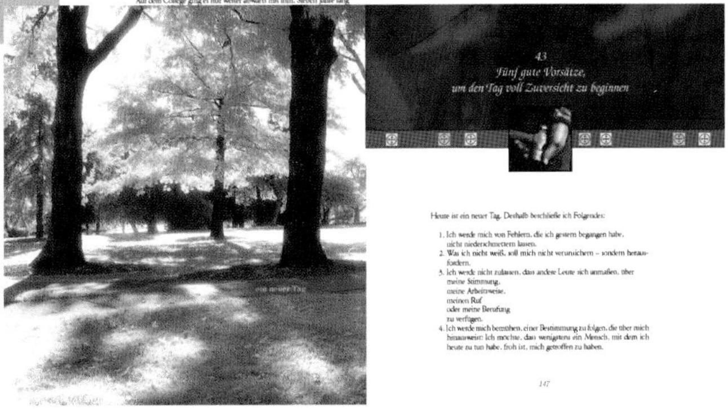

43

Fünf gute Vorsätze, um den Tag voll Zuversicht zu beginnen

Heute ist ein neuer Tag. Deshalb beschließe ich Folgendes:

1. Ich werde mich von Fehlern, die ich gestern begangen habe, nicht niederschmettern lassen.
2. Was ich nicht weiß, soll mich nicht verunsichern – sondern herausfordern.
3. Ich werde nicht zulassen, dass andere Leute sich anmaßen, über
   meine Stimmung,
   meine Arbeitsweise,
   meinen Ruf
   oder meine Berufung
   zu verfügen.
4. Ich werde mich bemühen, einer Bestimmung zu folgen, die über mich hinausweist: Ich möchte, dass wenigstens ein Mensch, mit dem ich heute zu tun habe, froh ist, mich getroffen zu haben.

147

Max Lucado erinnert uns durch kleine Episoden und Impulse, Gedichte und Gedankenanstöße: Gott will uns zu einem ausgewählten, nützlichen Werkzeug formen, das er gebrauchen kann.

Ein ganz besonderes Präsent

Max Lucado

Das besondere Geschenk

ISBN 3-86122-806-8
ISBN 978-3-86122-806-6

130 Seiten, gebunden,
durchgehend vierfarbig illustriert

Wagen Sie es doch einmal, sich einen Gott vorzustellen, der aus grenzenloser Liebe nach Ihnen sucht! Wie die Verpackung eines Geschenkes von unvergleichlicher Schönheit lassen die Seiten dieses Buches erahnen, was das für Sie bedeutet: Der Gott, der Sie erschaffen hat, sehnt sich nach Ihnen und möchte Sie in seine göttliche Gegenwart einladen.

FÜR VIELE GELEGENHEITEN:

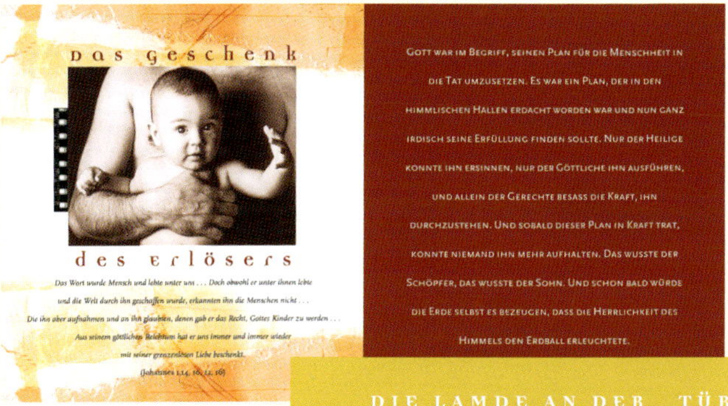
das geschenk des erlösers

Das Wort wurde Mensch und lebte unter uns … Doch obwohl er unter ihnen lebte und die Welt durch ihn geschaffen wurde, erkannten ihn die Menschen nicht … Die ihn aber aufnahmen und an ihn glaubten, denen gab er das Recht, Gottes Kinder zu werden … Aus seinem göttlichen Reichtum hat er uns immer und immer wieder mit seiner grenzenlosen Liebe beschenkt.

(Johannes 1,14, 16; 12, 16)

GOTT WAR IM BEGRIFF, SEINEN PLAN FÜR DIE MENSCHHEIT IN DIE TAT UMZUSETZEN. ES WAR EIN PLAN, DER IN DEN HIMMLISCHEN HALLEN ERDACHT WORDEN WAR UND NUN GANZ IRDISCH SEINE ERFÜLLUNG FINDEN SOLLTE. NUR DER HEILIGE KONNTE IHN ERSINNEN, NUR DER GÖTTLICHE IHN AUSFÜHREN, UND ALLEIN DER GERECHTE BESASS DIE KRAFT, IHN DURCHZUSTEHEN. UND SOBALD DIESER PLAN IN KRAFT TRAT, KONNTE NIEMAND IHN MEHR AUFHALTEN. DAS WUSSTE DER SCHÖPFER, DAS WUSSTE DER SOHN. UND SCHON BALD WÜRDE DIE ERDE SELBST ES BEZEUGEN, DASS DIE HERRLICHKEIT DES HIMMELS DEN ERDBALL ERLEUCHTETE.

DIE LAMPE AN DER TÜR BLEIBT BRENNEN

Er wartet auf Sie. Gott steht vor der Haustür des Himmels und hält Ausschau, ob sich sein Kind nicht schon auf dem Heimweg befindet. Sie sind es, auf den oder die er sehnsüchtig wartet.

Gott ist der wartende Vater und der gute Hirte, der alles daransetzt, sein Lämmchen aufzuspüren. Seine Beine sind zerkratzt, die Füße wund, die Augen brennen. Er lässt seinen Blick über die Steilhänge schweifen und durchstreift die Felder. In jede dunkle Höhle späht er hinein, legt die Hände an den Mund und ruft in die Schlucht.

Er ruft einen Namen – und es ist Ihrer!

Er ist wie die Frau, die eine verlorene Münze sucht. Auch wenn sie noch neun davon hat, wird sie nicht ruhen, bis sie die zehnte wiedergefunden hat. Dazu stellt sie das ganze Haus auf den Kopf, rückt Schränke von der Wand, hebt Teppiche hoch und sucht Regale ab. Alles andere kann warten. Nur eins zählt: Die Münze bedeutet ihr so viel, und sie wird nicht ruhen, bis sie sie gefunden hat.

So ist Gott, und die Münze, die er sucht, sind Sie.

Glaube ist vielmehr der Sprung aus dem sinkenden Schiff menschlicher Eitelkeit, verbunden mit dem Bittgebet, Gott möge doch kommen und uns aus dem Wasser ziehen. Paulus schrieb über diese Art des Glaubens: „Denn nur durch seine unverdiente Güte seid ihr vom Tod errettet worden. Ihr habt sie erfahren, weil ihr an Jesus Christus glaubt. Dies alles ist ein Geschenk Gottes und nicht euer eigenes Werk. Deshalb kann sich niemand etwas auf seine guten Taten einbilden" (Epheser 2,8-9).

Die wichtigste Triebkraft der Erlösung ist also Gottes Gnade. Es sind nicht unsere eigenen guten Taten, nicht unsere Talente, und auch nicht Gefühle. Es ist nicht unsere Kraft, die erlöst.

Wir erkennen wie Petrus: Unser Schiff ist im Begriff zu sinken. Gott aber trotzt den Wogen. Da steigen wir lieber aus und würden selbst die Titanic der Selbstgerechtigkeit, die wir für unsinkbar hielten, verlassen, um auf Gottes Gnadenpfad über das Wasser zu entkommen.

Und – welche Überraschung – wir sind sogar imstande, auf dem Wasser zu gehen. Die Todesangst ist überwunden, und wir haben ein Ziel vor Augen, denn Gott ist nicht nur in Sichtweite, sondern so dicht bei uns, dass wir nur die Hand auszustrecken brauchen, um Halt bei ihm zu finden.

Gnade ist Gottes jähes Erscheinen in den Stürmen unseres Lebens. Er zeigt sich uns, wir hören seine Stimme, und wir wagen den Schritt, weil seine Gegenwart uns tröstend Mut macht.

DIE GNADE ERGREIFEN

Aus dem Inhalt:

Es war ein Moment wie kein anderer – herausgehoben aus der Zeit –, als etwas Außergewöhnliches geschah. Gott wurde Mensch. Doch er kam nicht etwa als Lichterscheinung oder als gerüsteter Eroberer, sondern als einer, dessen erste Schreie ein Bauernmädchen und ein schläfriger Zimmermann hörten. Und dennoch vertraute der Himmel gerade diesen beiden seinen größten Schatz an – das besondere Geschenk.